AF226756

PAPE ET ROIS.

LETTRE

A MONSEIGNEUR DUPANLOUP

AU SUJET

DE LA CONVENTION DU 15 SEPTEMBRE

ET

DE L'ENCYCLIQUE DU 8 DÉCEMBRE,

Par O'NELLY.

SOMMAIRE :

Avant-propos. — La convention du 15 septembre. — L'encyclique du 8 décembre.
Les religions d'État. — Un roi peut-il être chef d'Église?
Le pape doit-il être roi? — Le pape et les rois. — Conclusion.

PARIS

E. DENTU, LIBRAIRE-ÉDITEUR
Palais-Royal, galerie d'Orléans
1865

PAPE ET ROIS.

LETTRE

A MONSEIGNEUR DUPANLOUP

AU SUJET

DE LA CONVENTION DU 15 SEPTEMBRE

ET

DE L'ENCYCLIQUE DU 8 DÉCEMBRE.

MONSEIGNEUR,

Votre livre — c'est tout un livre — a produit dans nos âmes une sensation profonde. Son succès a dépassé vos légitimes espérances. La France, qui se laisse aisément éblouir par d'éloquentes paroles, a eu son moment d'enthousiasme. Vous nous avez donné le vertige. Votre attaque puissante contre la Convention du 15 septembre nous a ébranlés ; votre défense si savante et si habile de l'Encyclique du 8 décembre nous a surpris. On a pu croire que votre triomphe serait aussi durable qu'éclatant.

Cependant les premières impressions s'effacent peu à peu. L'imagination transportée reprend son calme. La réflexion nous revient. On commence déjà à se demander si votre attaque contre la Convention a été aussi heureuse que votre défense de l'Encyclique; si vous avez abordé franchement, de plain-pied, sans réserve et sans détour, les grandes questions sur lesquelles vous avez voulu donner et demander des éclaircissements; si l'acte du 15 septembre est aussi désastreux pour l'Église catholique que vous avez l'air de le croire, et que vous cherchez à le prouver; si l'Encyclique, à côté des ordonnances de la papauté si précises et si absolues, adressées aux évêques, ne contient pas des avertissements sur le temporel dont ces hauts dignitaires n'auraient que faire s'ils étaient réellement écrits pour eux.

On va plus loin. On cherche quelle a été la cause et quelle sera la fin de tout cela. Et l'on trouve que votre magnifique plaidoyer n'en dit pas un mot; que même, au contraire, son argumentation, si riche de forme et si savante de détails, trahit un certain malaise, une gêne, qui proviennent sans doute de ce que voyant le fond des choses, vous n'avez pas osé nous le montrer. La position d'évêque, comme celle de diplomate, oblige à des réserves, à des réticences, à des ménagements de parole qui embarrassent souvent les plus expérimentés. Ils ne peuvent pas toujours indiquer le but réel, final, que leur chef se propose; ni toutes les étapes qu'ils ont à faire pour y arriver. Voilà pourquoi, dans leurs écrits, ils déplacent les questions plus souvent qu'ils ne les traitent; et pourquoi, à côté de la lumière qu'ils font et qu'ils s'efforcent de rendre éblouissante, bien des choses — généralement les plus essentielles — restent dans l'ombre, ou tout au moins sous des transparents quasi imperceptibles.

Je ne suis ni un évêque, ni un diplomate, Monseigneur; mais un penseur solitaire, libre de tout engagement, sans charge d'âmes et sans fonctions à gages; à même, par conséquent, de dire à tous toute la vérité, sans hésitations et sans ambages; de marcher droit au but.

Vous avez discuté, à votre point de vue, un fragment de notre histoire contemporaine;—qu'il me soit permis de vous admirer, de vous suivre et de vous compléter sur ce point.

Pressentant peut-être, au moins en partie, les événements qui doivent s'accomplir un jour à Rome, vous avez passé sous silence les causes et les résultats de la révolution italienne qui se déroule devant nous et qui marche à ses destinées; vous avez essayé de vous faire à vous-même illusion, en fermant les yeux; — permettez-moi de vous dire là-dessus toute ma pensée, non pas en discutant, mais en exposant des faits qui sont comme inscrits à l'avance dans les pages du temps, parce qu'ils sont devenus inévitables.

Vous n'avez trouvé dans les réalités des temps présents que des sujets de peine, d'inquiétudes et de sinistres prévisions; les assurances de l'avenir — d'autres diraient les éventualités — vous apporteront-elles des consolations et des joies?

Cela dépend de vous, Monseigneur.

La Convention du 15 septembre.

Pour bien apprécier la portée de la Convention, il faudrait, Monseigneur, remonter un peu plus haut que vous ne le faites.

Selon vous, cet acte, dans l'esprit de la France, pourrait être résumé ainsi : « L'Italie est faite, Rome est préservée, » notre tâche est finie (1). » Mais après l'interprétation qui en a été faite par le Piémont vous ne croyez plus que le doute soit possible : « La Convention, n'ayant pas dit le mot » essentiel qu'il fallait dire ; n'ayant pas fait les réserves qu'il » fallait faire, loin de protéger le pape, le livre à la révolu- » tion et au Piémont qui vient derrière elle (2). »

La question ainsi posée et restreinte à ces proportions,

____

(1) Voir la brochure de Mᵍʳ l'évêque d'Orléans, p. 19. — (2, Id., p. 62 et 64.

vous êtes condamné à tourner sans cesse dans le même cercle de difficultés.

Vous avez beau dire ce que vous pensez du Piémont, et ce que vous espérez de la France; vous avez beau démontrer que les choses que l'on demande au pape sont impossibles : faire des soldats, de l'argent, des réformes et la paix avec l'Italie (1); et que l'honneur de notre pays, l'honneur de notre Empereur, sont engagés à garder le pouvoir temporel contre des périls qui ont grandi (2).

Cela ne résout rien.

« Quand la France, après deux ans, ne serait plus ga» rante de rien, elle demeurerait responsable de tout, » ditesvous (3). Mais cette maxime est souverainement injuste. Vous qui, dans votre magnifique péroraison, invoquez avec tant d'amour la justice de Dieu en votre faveur, ne nous la refusez pas. Quand nous aurons aidé charitablement un malheureux pendant dix années consécutives, le jour où, malgré nous peut-être, après l'avoir même prévenu longtemps à l'avance, nous ne pourrons plus lui donner rien, nous serons rendus responsables de sa misère et des accidents qui en seront la conséquence (4)! Cela n'est pas juste.

La France a protégé Rome, a maintenu les droits temporels de la papauté contre le vœu, contre l'élan des nationalités italiennes, au détriment de ses propres intérêts, de son repos, un peu même de sa gloire, tout cela par amour et par respect pour des traditions vénérables, pour une souveraineté temporelle antique, mais décrépite, usée, en opposition avec les besoins et les aspirations d'un grand peuple; et, de ce chef, la France deviendrait responsable des malheurs de la papauté (5); du jour où le pape serait dépossédé, la France serait déshonorée (6), et les princes qui auraient consommé la chute du pouvoir temporel des papes (cela est assez clair)

---

(1) Voir la brochure de Mˢʳ l'évêque d'Orléans, p. 67. — (2) Id., p. 79. —(3) Id., p. 81. — (4) Id., p. 156 et 157. — (5) Id., p. 79. — (6) Id., p. 81.

porteraient la plus redoutable responsabilité devant l'histoire, devant leurs enfants et devant Dieu (1)! Cela n'est pas juste.

Vous dites que l'on demande au pape de faire des choses impossibles. Cela est vrai. Ici nous sommes parfaitement d'accord. Il vaudrait mieux qu'on ne lui demandât rien, qu'on ne formulât aucun projet de transaction illusoire, qu'on ne lui conseillât aucune de ces demi-mesures, aucun de ces demi-moyens qui pourraient retarder la chute du pouvoir temporel, mais qui ne la rendraient ni moins certaine, ni moins complète. A quoi bon reculer encore l'époque de la cessation de l'occupation romaine? Qu'arrivera-t-il dans deux ans? Ce qu'il arriverait dans cinq, dans dix, dans quinze ans. Rien de plus, rien de moins. Eloignez la difficulté tant que vous voudrez, vous ne la trancherez pas autrement demain qu'aujourd'hui; demain comme aujourd'hui, il faudra toujours finir par se demander : Et après nous?

Vous espérez de la France un mot, un seul : « Céder Rome à l'Italie, *jamais!* (2) » Vous avez toujours pensé et vous pensez encore que la parole de la France remplacerait son épée, et qu'un jour l'Empereur et toutes les puissances catholiques déclareraient la souveraineté temporelle du pape inviolable, et la placeraient sous leur garantie collective (3). Mais il est évident pour tout le monde qu'adopter un semblable projet, ce serait perpétuer l'occupation romaine par des armées étrangères. Ce serait une intervention permanente, sans relâche. Est-il possible, serait-il d'ailleurs juste de fonder une coalition perpétuelle des puissances catholiques pour maintenir le pape dans ses États, pour faire, en faveur d'une souveraineté temporelle, quelque respectable qu'elle soit, ce qu'on ne pourrait entreprendre dans aucun autre gouvernement?

_____

(1) Voir la brochure de Mgr l'évêque d'Orléans, p. 80. — (2) Id., p. 78. — (3) Id., p. 78.

Voyez aussi dans quelles contradictions étranges le souci de ce pouvoir si compromis vous fait tomber. Vous voulez aujourd'hui que l'occupation soit définitive, sinon par l'épée, au moins par la menace de l'épée, et vous avez déclaré que le pape lui-même ne la désirait, ne la voulait pas permanente ; qu'il a demandé deux fois qu'elle cessât; mais alors, ajoutez-vous, la France ne l'avait pas mis dans la nécessité et le péril où il est. C'est donc la France, toujours la France que vous accusez !

Enfin que pensez-vous du Piémont ? Vous le dites avec beaucoup d'amertume et même de violence. Vous signalez longuement les désordres qui l'ont affligé dans ces dernières années, désordres inséparables d'une révolution quelque pacifique qu'elle puisse être. Le Piémont a été poussé par l'ambition, par les mauvais conseils, par le souffle révolutionnaire. Il a subjugué l'Italie et trompé l'Empereur. Il prendra Rome, et notre Empereur sera sa dupe ou son complice.

Voilà, en substance, tout ce que vous avez cru pouvoir dire au sujet de la Convention.

Quelles conséquences pratiques, quelles conclusions en avez-vous déduites ? Celle-ci : « Quand le Piémont donne une parole et signe une convention, il faut y regarder de près (1). » Voilà certes beaucoup de talent et d'éloquence aboutissant à un triste résultat. Il faut que la cause soit bien mauvaise.

Plus j'y songe, en effet, plus je m'aperçois du vide de ce saisissant exposé et de toute cette élégante argumentation qui n'ose soulever qu'un coin du voile; qui se borne à indiquer les difficultés, à contester la légalité ou la nécessité des faits accomplis, sans remonter aux causes qui les ont fait naître.

Pour être complet, rester dans le vrai et dire toute la vérité, vous auriez dû, Monseigneur, reprendre les choses de

(1) Voir la brochure de Mgr l'évêque d'Orléans, p. 78.

plus haut. Vous l'eussiez fait, j'en suis certain, — la profondeur et l'étendue de votre belle intelligence en sont garants, — si vous n'aviez dû obéir, avant tout, aux restrictions mentales que vous impose votre position, chaque fois qu'il est question de ce malheureux pouvoir temporel des papes. Ce que vous n'avez pas osé ou pu dire, qu'il me soit permis de le dire pour vous.

On a souvent représenté les Italiens comme un peuple remuant, inquiet, divisé en fractions inconciliables et travaillé par de nombreuses sociétés secrètes. On a dit que la coexistence d'un tas de petits gouvernements plus ou moins absolus, que le souvenir de longues discordes civiles et les rivalités ardentes des divers États et des principales cités de ce beau pays, y avaient semé dans tous les cœurs tant de haines et de rancunes profondes que l'esprit public en avait été corrompu, vicié pour toujours. L'Italie ne devait plus être que le refuge des démagogues, un foyer de révolutionnaires que les armes autrichiennes avaient peine à contenir. Que pouvait-on attendre d'une semblable nation, dégénérée et avilie?

Il y avait sans doute quelque chose de fondé dans ces appréciations malveillantes. La trop grande division du territoire en principautés jalouses et souvent ennemies, ainsi que la longue durée de la domination étrangère, avaient amené la division dans les intérêts et dans les esprits, et produit ces légions de conspirateurs, hardis sectaires qui s'abritaient à l'ombre des sociétés secrètes, toujours prêts à livrer leur vie pour réaliser leurs criminels projets. Mais au fond de tous les sentiments de haine et de vengeance, qu'on pourrait appeler sentiments de circonstance, ou accidentels, et qui se manifestaient de temps à autre par des attentats odieux, il y avait un sentiment qui dominait tout, qui aux yeux des patriotes exaltés ou aigris justifiait tout, c'était le sentiment italien, l'esprit de nationalité, les instincts de race, la foi politique, un reste enfin des traditions historiques de ce puissant empire romain qui fut le berceau et l'instrument de notre civilisation actuelle.

Depuis la fin des guerres du premier empire français, nous avons assisté au réveil de plus en plus accentué de cet esprit national italien. A travers les dissensions des partis, les discordes et les fautes des sociétés secrètes, les haines des castes et les rivalités des villes, nous avons vu percer peu à peu un désir, un vœu unanime : celui d'une même patrie. Les Italiens se rappelèrent leur origine commune, leur splendeur ancienne; ils se souvinrent des malheurs qui furent la conséquence de la dislocation de leur puissant empire; et alors ce ne fut plus une simple fédération de leurs nationalités éparses, mais une fusion complète qu'ils vinrent à souhaiter. Alors le peuple prit pour mot d'ordre ce mot qui l'électrisa : Unité! Il eut un signe de ralliement, un drapeau, un but, une noble aspiration patriotique qui lui firent oublier bien vite les misérables jalousies de clocher pour lesquelles il s'était passionné autrefois. Il perdit ainsi, assez rapidement, le goût de ces simulacres de nationalités qui n'avaient pu le défendre ni contre l'arbitraire et les abus du pouvoir, ni contre l'oppression et la honte du joug autrichien. L'Italie, dès lors, voulut revivre ou plutôt renaître dans un seul sentiment, dans une seule patrie; et de tous les coins de cette terre si longtemps divisée et malheureuse, opprimée depuis des siècles, s'élevèrent, à l'envi, ces clameurs héroïques : L'unité! L'Italie! Venise libre! Rome capitale! L'ancien empire romain reconstitué dans toute la Péninsule! C'était autant de cris d'alarmes, autant de signes précurseurs d'une prochaine et terrible révolution.

Tel était l'état de l'opinion publique, non pas seulement des Piémontais, mais de tous les Italiens, chez les hommes d'État comme au sein du peuple, à l'avénement de Victor-Emmanuel au trône de ses ancêtres.

Vous savez tout cela mieux que moi, Monseigneur; mieux que personne vous connaissez l'Italie. Vous n'ignorez donc pas que, depuis de longues années, tous les citoyens des diverses principautés, à Rome, à Naples, à Milan, à Venise, à Florence, à Parme, à Turin, à Gênes; prolétaires, bourgeois et ministres; dans le civil comme dans l'armée, ne rêvaient qu'une chose, n'aspiraient qu'à un but : *l'unité italienne.* Vous n'ignorez pas davantage qu'il n'y a plus entre eux de désaccords, de tiraillements, de conflits, que sur un seul point, à savoir, comment se fera ou plutôt se complétera l'*unité*. Les uns veulent qu'on attende beaucoup du temps et un peu de l'occasion et des circonstances favorables; les autres, qu'on brise les obstacles de suite en bravant la volonté du pape à Rome, et la puissance de l'Autriche à Venise. C'est en cela que consistent toutes les difficultés de la situation. Toute la question est là. Question de temps et question de forme simplement.

Vous n'avez pas cru sérieusement, Monseigneur, que tout ce qui s'est fait dans la Péninsule pendant et après le ministère du comte de Cavour, ne fût que « le résultat de la » grande conspiration ourdie par le Piémont et qui avait des » ramifications dans toutes les villes d'Italie (1). » Cette opinion, qui était en 1859, celle du représentant de la Grande-Bretagne en Toscane, M. Scurlett, n'a jamais pu être la vôtre. Cette grande conspiration, tout le monde le sait aujourd'hui, c'était la révolution faite depuis longtemps dans tous les cœurs et tous les esprits, et qui éclatait partout à la fois.

Le rôle peu honorable que vous attribuez au Piémont dans cette grande rénovation sociale et politique ne sera pas ratifié par l'impartiale postérité. Vous ne voulez pas accuser l'Italie, dites-vous. « Le Piémont seul est coupable. Son » ambition, l'alliance de son roi et des révolutionnaires a » fait et fait tout le mal. L'Italie est plus victime que com— » plice (2). » On peut dire cela dans un plaidoyer pour

____

(1) Voir la brochure de M⁶ʳ l'évêque d'Orléans, p. 26. — (2) Id., p. 20.

défendre une cause particulière, mais on n'oserait pas l'écrire dans les annales de l'histoire.

Il y a entre le rôle qu'a joué le Piémont dans la révolution italienne et celui que Napoléon III a dû prendre au 2 décembre, une analogie frappante.

Au 2 décembre, Louis-Napoléon se trouvait en face d'un parlement hostile, qui ne se proposait rien moins que de prendre les rênes du pouvoir, de faire une dictature blanche ou rouge, de chasser le président de la République et de mettre ses ministres en accusation. Une révolution était imminente. On ne voulait accorder au chef de l'État ni une heure, ni un écu; il fallait le faire *sauter* — le mot fut employé — à tout prix. Louis-Napoléon fit son habile coup d'État. La révolution, au lieu de venir d'en bas, vint d'en haut. Il n'y eut pas d'interrègne qui permît à l'anarchie ni aux désordres de lever la tête. La France fut sauvée.

Le Piémont s'est trouvé aussi en présence d'une révolution nécessaire, imminente. Les passions populaires grondaient partout. Le moindre prétexte, la plus simple occasion devaient inévitablement les soulever et les déchaîner dans toute leur furie, contre les deux puissants obstacles qu'elles voulaient renverser : les princes régnants qui se partageaient le sceptre de l'Italie, et l'Autriche qui protégeait leurs trônes.

Jamais révolution politique ne s'annonça avec de plus violentes et plus sinistres menaces. C'eût été peut-être, si l'on avait attendu le signal qui devait tôt ou tard la faire éclater, une révolution sanglante, cruelle, une guerre d'extermination, une lutte analogue à celle qui afflige l'Amérique et qui aurait longtemps compromis la sécurité de toute l'Europe.

En effet, il fallait renverser des pouvoirs séculaires; chasser l'étranger qui occupait la majeure partie du pays; fonder un gouvernement nouveau; créer des lois générales, uniformes; satisfaire toutes les ambitions; résister à l'anarchie, aux emportements, aux fureurs, aux vengeances qui ont ensanglanté et déshonoré la plupart des grandes commotions sociales. Quel bras eût été assez fort pour maintenir et diriger des populations d'autant plus exaltées qu'elles avaient été plus longtemps asservies?

Comme au 2 décembre, ne valait-il pas mieux que la révolution vînt d'en haut? N'était-il pas plus sage, plus digne et plus habile à la fois, de conduire cette révolution à ses fins, que de l'abandonner à ses fougues? De substituer à une révolution populaire, aveugle et violente, une révolution intelligente et réfléchie, où le pouvoir et le peuple marchant d'accord, l'autorité de l'un assurât le succès de l'autre?

C'est ce que le Piémont a fait.

Ce sera son éternel honneur que d'avoir osé et d'avoir su se mettre à la tête de cette formidable révolution pour en régler la marche, et pour la préserver des excès de la populace aussi bien que des représailles de la réaction.

Ce sera également pour la France et pour Napoléon III un titre de gloire que d'être venus au secours du Piémont et de l'Italie dans l'accomplissement de cette œuvre grandiose; d'avoir contribué à affranchir le territoire italien de la domination autrichienne, et à fonder sur une base solide un empire puissant, qui sera, peut-être, dans l'avenir, notre appui et notre sauvegarde contre une nouvelle invasion des peuples du Nord.

Vous voudriez, Monseigneur, que l'Empereur se fût opposé à ce mouvement spontané des descendants de l'ancien empire romain, ou qu'il l'eût laissé s'accomplir sans son intervention. Que serait-il advenu? Ou bien l'Italie aurait fini par triompher; mais au prix de combien de sang versé, après combien d'années de luttes et d'efforts gigantesques. Ou bien l'Italie aurait été écrasée, et c'était à recommencer. Les mêmes causes subsistant toujours, les mêmes effets se seraient reproduits.

Voudriez-vous maintenant qu'après avoir favorisé ce mou-

vement, il l'empêchât de se consolider, de se compléter?
Qu'il installât en permanence son épée ou sa parole, ce qui
est tout un, aux portes de Rome pour conserver à la papauté un semblant d'autorité temporelle, un pouvoir no-
minal, une royauté factice? Quelle que soit la force de la
France, elle s'userait à cette tâche; et elle finirait par céder
à l'inébranlable constance, ou à l'invincible élan du patrio-
tisme italien. Nul pouvoir humain ne peut résister longtemps
contre la force des choses. L'unité de l'Italie est dans les
vœux unanimes de cette grande nation; elle a les sympathies de tous les peuples civilisés; elle est entrée dans l'ordre
des gouvernements de la terre; elle est dans la force des
choses, dans les desseins de Dieu. *Vox populi, vox Dei.*

Ce que la France a fait avec raison, après mûr examen,
non-seulement dans l'intérêt de sa gloire, mais pour son
repos et sa propre sécurité, ira-t-elle le briser?

Assombrissez autant qu'il vous plaira cette page de notre
histoire contemporaine; répétez à satiété que le Piémont est
ambitieux et trompeur, sans parole et sans foi; que l'Italie
est victime, que la France est dupe, vous ne parviendrez
jamais à convaincre personne, vous ne parviendrez peut-être
pas à vous convaincre vous-même que la Convention du
15 septembre pouvait être autre qu'elle n'est, et dire plus
qu'elle ne dit. L'occupation de Rome ne peut être éternelle;
elle doit cesser un jour. La Convention déclare qu'elle ces-
sera dans deux ans. Et si, en donnant cet avertissement,
l'Empereur se demande ce que va devenir le pouvoir temporel des papes; s'il se propose d'aviser à ce qu'il pourra
faire d'ici là de plus avantageux pour les intérêts de la papauté, que désirez-vous de plus?

Voilà où la Convention a laissé la question romaine.

Ni l'Empereur, ni la France ne pouvaient aller au delà. Aussi
longtemps que la révolution italienne était en travail, ils ont
couvert le trône pontifical, ils ont garanti le pape contre
toute agression, toute surprise, tout maléfice qui pouvait sur-

gir au dedans ou venir du dehors. Aujourd'hui que la révolution est faite; que le gouvernement italien est reconnu, admis, accepté de tous; que Victor-Emmanuel est assez fort pour résister à l'anarchie et à l'agression de quelque part qu'elles viennent; il faut rendre à César ce qui est à César, il faut abandonner Rome...... à ses glorieuses destinées !

Ici, comme l'Empereur, comme tout le monde, vous vous demandez ce que le pape deviendra après la chute du pouvoir temporel.

« Si les Français se retirent, dites-vous, si Victor-Emma-
» nuel se présente à Rome, que fera le Souverain-Pontife ?
» Je n'ai aucune qualité pour le dire. Mais si je suppose qu'il
» quittera Rome : quelle douloureuse alternative se présente
» à mes regards !

» Ou bien, proscrit, il ira de ville en ville, comme le divin
» Maître, sans avoir un asile où reposer sa tête. Quel spec-
» tacle et quel remords !

» Ou bien, une puissance catholique lui offrira une rési-
» dence souveraine. Il y sera reçu en roi. Les ambassadeurs
» l'entoureront. Cette puissance ne sera pas la France, hélas!
» qui aura contribué à ses malheurs (1). »

Mais vous supposez que le pape quittera Rome : c'est l'hypothèse la moins sage, la moins digne, la moins bien inspirée. Dieu, je l'espère, suscitera au Souverain-Pontife une résolution plus conforme à ses hautes vertus, à sa sainte mission. Non, non, le pape ne quittera pas Rome. Il y restera, ou, s'il quitte la ville éternelle, la capitale de l'Eglise, la pierre fondamentale du grand édifice de la chrétienté, ce ne sera que momentanément; il y reviendra débarrassé des entraves d'une vaine couronne et des oripeaux d'une royauté mondaine, plus grand devant le monde, plus puissant sur les âmes, plus libre en face des peuples et des rois !

Ainsi donc, pour conclure, je le répète avec l'assurance

_____

(1) Voir la brochure de Mgr l'évêque d'Orléans, p. 81.

d'un prophète : quoi qu'il advienne, le pape restera à Rome, ou il y reviendra par lui-même ou dans la personne de ses successeurs.

L'Encyclique du 8 décembre.

En abordant la seconde partie de votre beau livre, j'éprouve, Monseigneur, un certain embarras. Je reconnais, avec vous, que « l'Encyclique a été plus souvent dénaturée qu'interprétée » (1); que notre gouvernement lui-même s'y est peut-être mépris; que « l'on a commis dans la traduction de cette œuvre pontificale les contre-sens et les contre-bons sens les plus ridicules, les plus inattendus, même sur les points les plus graves (2). »

Vous faites remarquer aussi — avec plus de subtilité que de raison toutefois — que les documents romains étaient adressés non pas aux journalistes, non pas même aux simples fidèles, mais aux évêques; et que pour bien comprendre la langue, ou plutôt le langage technique dans lequel ils sont écrits, il faut être familiarisé avec les choses et les termes de la théologie (3).

La cause de mon embarras n'est pas là. J'ai assez étudié cette science profonde et mystérieuse pour ne pas craindre de m'y fourvoyer sur les traces de nos trop empressés publicistes.

Je suis un peu embarrassé, je vous l'avoue en toute humilité, parce que je désapprouve dans l'Encyclique surtout ce qui n'y est point, ce qu'on n'y dit pas; tandis que j'approuve, en grande partie, ce qu'elle contient et ce qu'elle enseigne.

Je suis un peu embarrassé aussi parce qu'il me semble que

(1) Voir la brochure de Mgr l'évêque d'Orléans, p. 87. — (2) Id., p. 88. — (3) Id., p. 93.

si j'avais eu l'honneur d'être ministre des cultes, je n'aurais pas laissé le champ libre aux journalistes alors que je le fermais aux évêques ; ou bien je l'aurais laissé largement ouvert à tout le monde, sauf à y jeter moi-même, sous formes de circulaires, au nom du gouvernement ou plutôt de l'Empereur, — mes observations, mes réflexions et mes réserves.

Je suis encore un peu embarrassé parce que vos chapitres intitulés : *la Philosophie et la Raison, le Progrès et la Civilisation moderne, la Liberté des cultes et la Liberté politique*, ainsi que votre touchante péroraison, ont excité mon admiration, conquis tous mes suffrages et tous mes applaudissements. Jamais pensées plus nobles, plus élevées, ne revêtirent une forme plus brillante. Votre dialectique habile, vos savantes interprétations ont mis à néant les sophismes d'une discussion prématurée, passionnée, trop peu réfléchie, et ont replacé l'Encyclique sur sa voie.

Je suis un peu embarrassé enfin parce que, malgré mon respect pour le pape, mon amour pour l'Eglise catholique, et l'estime enthousiaste que m'inspire votre rare talent, je vois à travers l'Encyclique ce que vous n'avez pas vu, ce que l'Église ne doit pas prescrire et ce que le pape n'aurait pas dû penser.

Mais en vous disant tout ce que j'ai sur le cœur, je crois obéir à ma conscience de chrétien, et remplir un devoir de bon citoyen : que toutes les considérations secondaires s'évanouissent donc.

L'Encyclique, jusqu'à ce jour, n'a eu et ne pouvait avoir que trois espèces de juges ou d'interprètes : les *esprits forts*, les *esprits éclairés*, et les *esprits fanatisés*.

Les esprits forts — ces fanatiques de la matière — ne devaient rien trouver de bon dans cet acte. Quand on en est venu, comme M. G. Flourens et les sectes d'athées et de solidaires qui suivent ses traces, à déclarer que *Dieu est un contre-sens qu'il faut exclure du monde moral, lui et son cortège de superstitions, et que l'hypothèse d'une autre vie au lieu d'améliorer l'homme ne peut que l'hébéter et le dépraver*, on doit trouver qu'un pape est bien ridicule et que ses paroles n'ont pas le sens commun. Pour être conséquent, ces grands esprits-là, au lieu de discuter l'Encyclique, d'ergoter sur les maximes du *Syllabus*, auraient dû nier et l'Encyclique, et le *Syllabus*, et le pape, et l'Eglise romaine, comme ils ont nié Dieu, l'âme, la foi et l'éternité. Ce n'est pas pour ces gens-là que vous écrivez, Monseigneur ; ni moi non plus.

Les fanatiques — ces esprits forts de la croyance — ne pouvaient pas seulement approuver tout ce que l'Encyclique énonce; ils devaient, fidèles à leur crédulité superstitieuse et aveugle qui dédaigne et condamne même la raison humaine, pousser jusqu'à l'absurde l'application et l'explication de ces documents de la papauté. De semblables sectaires font peut-être plus de mal à la religion que les impies.

Mais quoi que vous tentiez, esprits forts et fanatiques, la civilisation et la religion ne reculeront point : la religion, parce qu'elle est innée dans le cœur de l'homme ; la civisation, parce qu'elle est devenue populaire.

Si la civilisation ancienne est tombée, c'est qu'elle n'avait pas pénétré dans les masses. Ce que le peuple apprend, il le retient et il le garde. L'imprimerie, la vapeur et l'électricité nous ayant permis de vulgariser toutes les acquisitions de l'esprit humain à mesure qu'elles se produisent; les sciences, la littérature, les arts industriels, la philosophie et la religion elle-même n'ont plus de secret pour personne. Ce qui est mystère en bas de l'échelle sociale, est mystère en haut. Ce qui reste inexplicable, incompréhensible pour le peuple, l'est encore pour les savants. Ce qui est de l'essence dogmatique de la foi pour le prolétaire, l'est également pour l'érudit. Ce que l'un sait aujourd'hui, tout le monde le saura demain. La civilisation moderne est impérissable parce qu'elle repose sur la solidarité de toutes les intelligences, sur l'universalité de toutes les connaissances, sur la vulgarisation de toutes les idées, de toutes les découvertes et de toutes les inventions humaines. L'humanité pense et parle comme un seul homme.

L'intelligence de chacun, on peut le dire sans paradoxe, est l'égale de celle de tous. En un mot, la civilisation est populaire, universelle. C'est là ce qui fait sa force, et ce qui en assure les incessants progrès.

Que peuvent contre la religion et contre une civilisation semblable, les déclamations furibondes de ces esprits superbes qui ne croient à rien; et de ceux qui, niant la certitude de notre jugement, croient à tout?...

Les esprits éclairés ne donnent pas dans ces travers. Ils ne croient ni à l'omnipotence de la raison, ni à la souveraineté unique et absolue de la foi. Avec Pie IX, ils proclament l'accord de ces deux principes, leur commune et divine origine; ils admettent « que le raisonnement peut prouver avec certitude l'existence de Dieu, la spiritualité de l'âme et le libre arbitre; » et que « l'usage de la raison précède la foi (1). » Ils défendent « tout ensemble la raison et la foi : la raison contre les sophistes (les fanatiques compris), et la foi contre les impies (ajoutez les rationalistes) (2). »

Ces esprits éclairés, à la tête desquels vous marchez, Monseigneur, et dont je m'efforce de suivre les lumineuses traces, ont pu seuls bien comprendre l'Encyclique, et rendre aux vérités du *Syllabus* l'hommage et la justice qui leur sont dus; seulement, parmi nous, il existe deux classes d'hommes: les hommes indépendants qui ont le droit et le devoir de tout dire, et les hommes engagés dans des fonctions tellement délicates qu'ils ne peuvent pas toujours divulguer le fond de leur pensée. C'est pour cela, sans doute, qu'à côté des remarquables commentaires qui ont illustré votre livre, il y a bien des choses qu'on cherche vainement, parce que vous avez dû vous borner à les penser. Trouverez-vous mauvais que moi, qui ne suis pas évêque, j'ose les dire?

(1) Voir la brochure de Mⁱʳ l'évêque d'Orléans, p. 111. — (2) Id., p. 112.

L'Encyclique d'un côté, de l'autre la civilisation moderne, vous avez courageusement et résolûment, Monseigneur, abordé les principales difficultés qui se dressent dans les temps présents lorsqu'on veut établir une liaison, ou seulement un parallèle, entre l'état actuel de nos sociétés, la vie pratique, tant publique que privée, dont nous jouissons à l'heure qu'il est, et cette théorie, cet idéal chrétien, cette foi religieuse, que le pape signale aux évêques, dans l'avenir, comme le but élevé vers lequel doivent tendre sans cesse leur zèle, leurs efforts, leurs instructions et leurs prières. Vous avez mis face à face les ordonnances pontificales avec le progrès, avec la liberté politique, avec la liberté de la presse, et avec la liberté des cultes.

Cependant vous n'avez pas cru devoir essayer de concilier les ordonnances du 8 décembre avec le pouvoir temporel, les droits du pontife avec les devoirs du roi. De là ces lacunes regrettables, ces réticences mal dissimulées, ces préoccupations, ce malaise, cette gêne, dont j'ai déjà parlé et qui percent à chaque ligne, à travers l'Encyclique, dans le *Syllabus*, et tout le long de votre beau poëme épiscopal.

Liberté des cultes, liberté de conscience. — L'Encyclique condamne et devait condamner dogmatiquement la liberté des cultes, la liberté de conscience. Si la religion catholique est la seule bonne, la seule vraie, la seule d'origine divine, elle ne peut pas plus admettre l'égalité des cultes que l'indifférentisme religieux. Elle doit, au contraire, signaler au clergé cette perspective providentielle qui est réservée à l'Église de Jésus-Christ : *Una fides, unum ovile, unus pastor;* c'est-à-dire la fusion de toutes les religions de la terre, l'union de toutes les âmes, l'unité de la foi !

Voilà ce que l'Encyclique avait le droit et le devoir de dire bien haut, bien ferme; plus haut et plus ferme même qu'elle ne l'a fait.

Pourquoi, par exemple, n'a-t-elle pas, en même temps,

proclamé la nécessité d'une religion d'État ? Pourquoi n'a-t-elle pas stygmatisé l'indifférentisme religieux des gouvernements, comme elle a flétri celui des particuliers? Si la religion est nécessaire à l'homme, pourquoi y a-t-il des gouvernements qui donnent aux hommes l'exemple non-seulement de l'indifférence en matière de religion, mais de l'impiété ? Est-ce que le pape n'avait pas le droit de dire cela?

S'ensuit-il maintenant que l'Église catholique doive déclarer la guerre à tous les cultes dissidents, à toutes les religions imparfaites, informes, du globe, obliger les hommes à adorer le vrai Dieu, et imposer par la ruse ou par la violence ses dogmes et sa foi? Mais cela est tellement absurde que nul n'a pu sérieusement y croire. Non; le pape et son Église doivent, sans arrière-pensée et sans réserve, respecter non-seulement les formes de chaque gouvernement et les libertés de chaque peuple, mais encore les principes religieux de chaque individu.

N'est-ce pas, d'ailleurs, ce qu'ils font et ce qu'ils enseignent, Monseigneur, ainsi que vous l'avez parfaitement établi, en paraphrasant avec l'abondance de votre cœur et la haute sagesse de votre raison, ces paroles de Fénelon à Jacques II : « Accordez la tolérance civile, non en approuvant » tout comme indifférent, mais en souffrant en patience » tout ce que Dieu souffre, et en tâchant de ramener les » hommes par une douce persuasion (1). » Et vous ajoutez encore plus loin : « Le mahométisme a pu s'établir par le » fer, le christianisme s'établit par la parole (2). »

Arrière donc ces interprétations insensées qui attribuent au pontife romain les passions, les haines et les erreurs qui égarent les esprits forts et qui aveuglent les fanatiques. Dans l'avenir, comme de nos jours, l'Église sera éternellement ce qu'elle a été depuis sa naissance : « La vraie mère qui ne » veut pas que l'on coupe en deux ses enfants. Inflexible sur

(1) Voir la brochure de Mgr l'évêque d'Orléans, p. 125. — (2) Id., p. 128.

» les principes, indulgente envers les hommes, elle permet,
» que dis-je? elle recommande à chaque homme de demeu-
» rer loyalement soumis à ses obligations de citoyen et aux
» légitimes constitutions de son pays (1). »

Cependant, Monseigneur, il se présente ici une difficulté
assez sérieuse que vous avez été contraint de laisser à l'écart,
et que je me contente de signaler pour le moment, parce
que je dois y revenir plus tard; c'est celle-ci : *Ce que le pape
enseigne comme chef de l'Église, peut-il se dispenser de le
mettre en pratique comme chef des États romains?*

LIBERTÉ POLITIQUE, LIBERTÉ DE LA PRESSE. — Je ne suis pas
de ceux, Monseigneur, qui prétendent que le pape et le
clergé empiètent sur un domaine qui leur est interdit, chaque fois qu'ils parlent de la politique. Après vous, je répète
que « la politique, dans ses fondements et dans ses som-
» mets, confine à la morale, et que c'est le droit, la mission
» et l'honneur du pape d'éclairer les consciences, de pro-
» clamer le devoir à la face des peuples et des souverains,
» d'élever le monde pour la vérité et pour la justice (2) ! »

J'admets, avec vous, que le pape condamne la violence
brutale du fait et de l'iniquité triomphante ; qu'il défende
l'inviolabilité du droit et de la justice, l'inviolabilité du serment; qu'il maintienne le respect du pouvoir; et ces principes tutélaires en dehors desquels il n'y a point de paix et
de sécurité pour aucun pays.

J'admets même encore qu'il condamne le droit à l'émeute,
la souveraineté du but et ces doctrines insensées qui font
qu'un peuple n'est jamais sûr du lendemain.

Mais, contrairement à l'opinion que, comme évêque, vous
avez dû soutenir, je crois que le souverain pontife va trop
loin, qu'il descend trop bas quand il s'occupe du principe de
non-intervention, du droit des majorités et du drapeau des

(1) Voir la brochure de Mgr l'évêque d'Orléans, p. 135. — (2) Id., p. 136.

partis politiques. On sent qu'il y a là-dessous des soucis trop temporels, si je puis m'exprimer ainsi ; on se demande si, dans le cas où les Anglais seraient à Rome pour protéger Victor-Emmanuel contre les amis de la papauté, l'Encyclique condamnerait aussi nettement qu'elle le fait, le principe de non-intervention ?...

Pourquoi ne pas rester dans la sphère élevée où plane la religion ? Pourquoi venir apporter à de solennelles déclarations, je ne dirai pas un démenti, mais des restrictions, des accommodements, en faveur d'un intérêt exclusivement mondain ?

Le désir de conserver le pouvoir temporel, ce malheureux pouvoir qui échappe peu à peu, et qui échappera complétement à la papauté, est l'unique cause des tergiversations, des allusions, des réserves et des doubles sens qui ont donné à l'Encyclique ce faux air de réclame que tout le monde a pu saisir, et dont les interprétations les plus habiles ne peuvent la dépouiller.

Supprimez des documents pontificaux tout ce que l'amour du temporel a inspiré, ajoutez-y tout ce que ce même amour a défendu d'y introduire, et l'Église était dotée d'une œuvre dogmatique que toute la chrétienté eût accueillie avec une respectueuse admiration.

Vous le voyez, Monseigneur, je trouve beaucoup à louer dans les actes dogmatiques du Saint-Siége ; mais aussi j'y rencontre beaucoup de lacunes regrettables. Par exemple, l'inflexible logique exigeait que le pape, après avoir fait ses réserves au spirituel sur la liberté de la chaire et la liberté des cultes, reconnût expressément le droit des nations à proclamer et à pratiquer la liberté politique, la liberté de la presse et la liberté de la tribune. Il eût été même sage de mentionner clairement la différence que l'Église prétend établir entre la liberté des cultes et toutes les autres libertés politiques et civiles. La première, étant contraire aux dogmes ecclésiastiques, devait être reconnue seulement à titre de tolérance civile passagère, tolérance que le clergé a pour mission de faire disparaître peu à peu par le prosélytisme de la persuasion, de la parole ; par la propagation de la foi. Les autres, au contraire, étant compatibles avec les traditions religieuses, pouvaient être complétement et largement acceptées, en théorie et en pratique, par tous les chrétiens et chez toutes les nations du globe. C'est d'ailleurs ce que vous dites également, en si beaux termes, que je ne puis m'empêcher de les citer ici :

« L'Église n'est inféodée, par sa nature, à aucune forme
» de gouvernement ; elle les accepte tous pourvu qu'ils soient
» justes.

» Tous les gouvernements sont relatifs et imparfaits. Il
» y a longtemps que l'on dispute parmi les hommes sur la
» meilleure forme de gouvernement, et vous pouvez relire
» dans Hérodote déjà de curieuses discussions sur les avan-
» tages et les inconvénients respectifs des démocraties, des
» oligarchies ou des monarchies. L'Église habite une région
» supérieure à ces discussions : républiques, monarchies,
» empires, elle n'entre pas dans ces questions ; toutes ces
» diverses formes politiques sont laissées au libre choix de
» ses enfants ; j'ose dire qu'il n'y a pas à cet égard d'esprit
» plus libéral que le sien.

» Et c'est ce qui rend si admirable cette unité supérieure
» des âmes qu'elle a su créer dans la plus entière liberté,
» par-dessus toutes les divisions et toutes les disputes hu-
» maines, l'unité toute morale des croyances. Soyez de toutes
» les formes politiques que vous voudrez, de tous les pays
» et de tous les régimes sociaux que vous voudrez, l'unité
» catholique vous reste ouverte. »

Après cela, qui oserait soutenir encore qu'avec un esprit aussi libéral, une constitution aussi large, l'Église serait l'ennemie des libertés politiques et civiles !

Cette remarque, l'Encyclique aurait dû la faire.

Progrès et civilisation. — Les esprits forts se sont imaginé que les principes de l'Église romaine étaient incompatibles avec les progrès de la civilisation. C'est une déplorable erreur dont vous avez fait bonne justice. Et pourquoi la plus belle, la plus pure, la plus sainte religion du monde aurait-elle peur des lumières de l'intelligence? Est-ce que les plus grands hommes des âges passés et présents n'en ont pas déclaré la nécessité et la divinité; professé les maximes et pratiqué les préceptes? A toutes les époques de l'histoire, on a vu plus de croyants que d'impies; plus de philosophes religieux que de philosophes athées; plus de ces grands génies qui, comme Galien, dans l'étude des merveilles de la nature ou seulement de l'organisation de l'homme, découvrent l'existence d'un Être suprême, que de ces esprits orgueilleux qui, comme M. G. Flourens, en remontant à l'origine des races humaines, prétendent avoir constaté qu'il n'y a point de Dieu.

Cependant, Monseigneur, si l'on est parvenu à accréditer auprès de certaines gens cette inconcevable erreur, que l'Église est l'ennemie du progrès social, et de la civilisation moderne, n'y a-t-il pas un peu de la faute de ses représentants les plus élevés?

Au lieu d'accepter franchement, sans conteste, toutes les libertés que les peuples ont conquises, et spécialement la liberté de discussion, la plupart des évêques dans leurs instructions, leurs livres, leurs mandements ne jettent-ils pas sans cesse ce cri d'alarme : Prenez garde aux journaux, à la littérature, aux partis politiques, aux clubs, aux libéraux, aux radicaux, aux solidaires! Prenez garde! le siècle est corrompu. Corruption en bas, corruption en haut : la corruption est partout. Prenez garde!

Ce sentiment de défiance, vous en avez dû en faire mentalement la remarque, Monseigneur, a présidé à la rédaction de l'Encyclique et surtout du *Syllabus*. C'est là une des causes pour lesquelles ces documents ont plus inquiété que rassuré les esprits. Il y est entré trop de réprobation sur les principes qui dirigent les nations civilisées, sur les erreurs répandues au sujet de la société civile : *Errores de societate civili.* Aussi il n'a fallu rien moins que vos interprétations si sages et si habiles pour assigner d'une manière claire et précise aux actes pontificaux leur véritable signification et leurs légitimes tendances.

L'ENCYCLIQUE ET LE TEMPOREL. — Je le reconnais avec vous, Monseigneur, si l'Église, « cette grande maîtresse de la morale, comme de la foi, a le droit de tracer à la conscience de ses enfants, des règles sur l'usage des choses temporelles (1) » n'y a-t-il pas, en effet, dans la vie des sociétés, d'étroites relations entre la morale et la foi, d'une part, et la politique, l'industrie, les sciences, les beaux-arts et toutes les jouissances sociales, de l'autre ? Et quel juge plus expérimenté, quel guide plus éclairé que l'Église, les hommes pourraient-ils choisir pour diriger ces relations et les faire tourner tout à la fois à la satisfaction des besoins de leur corps et des aspirations de leur âme ?

Mais pour que ce juge soit impartial, infaillible autant que l'homme peut l'être, même sous l'habit des serviteurs privilégiés de Dieu, il faut qu'il soit dégagé des passions terrestres ; qu'il n'ait d'autre but que le bonheur et le salut de ses semblables, et d'autre ambition que de régner sur les cœurs. Il faut qu'il domine les peuples et les rois par la puissance de sa sagesse et par le prestige de sa providentielle mission ; mais il ne faut pas qu'il soit le chef particulier d'un empire quelconque, ni l'esclave couronné de quelques constitutions humaines.

Sans doute le pape doit être grand, l'Église doit être riche, le clergé à l'abri de toute nécessité matérielle. Mais tous ces biens terrestres ne peuvent servir à alimenter un gouvernement temporel, nécessairement imparfait, instable, comme

____

(1) Voir la brochure de Mgr l'évêque d'Orléans, p. 109.

tous les gouvernements de ce genre ; ils doivent être uniquement employés à propager la foi, à faire triompher la religion, à conquérir les intelligences et les âmes, et à réaliser enfin cette prophétique maxime : *Una fides, unum ovile, unus pastor.*

En terminant ici ce que j'avais à dire de votre admirable livre, et avant de commencer le mien, qui sera bien court, permettez-moi, Monseigneur, de vous féliciter encore une fois de l'éminent service que vous venez de rendre à la papauté.

Il se peut qu'à Rome surtout, certains esprits aigris par les malheurs de ces dernières années, trouvent que vous avez été trop loin ; que vous avez trop expliqué, trop dit, trop rassuré, trop promis, inspiré trop de confiance dans les intentions du pape et dans les desseins de l'Église.

Qu'importe, si toute la chrétienté applaudit à votre courageuse initiative ! Personne d'ailleurs ne vous désavouera, croyez-le bien ; parce que ce serait désavouer le bon sens, la logique, et la raison parlant par la bouche de l'un des plus éminents apôtres de la foi.

Les Religions d'État.

Monseigneur,

Je vous ai suivi sur le terrain des actualités, des faits accomplis. J'ai soutenu, contre vous, que la Convention du 15 septembre était une chose nécessaire et juste. Avec vous, j'ai dit que l'Encyclique, au point de vue dogmatique, était une belle œuvre. Seulement, j'ai fait remarquer que les préoccupations du pouvoir temporel des papes s'y manifestent trop, tantôt par un défaut de franchise, des *desiderata* regrettables ; tantôt par des expressions de défiance, par des allusions et des réserves irritantes à l'égard de l'esprit du siècle, qui est l'esprit des nationalités, ou du droit des peuples.

Pourquoi le Saint-Père n'a-t-il pas puisé dans sa foi assez d'énergie, et dans sa raison assez de confiance pour déclarer ouvertement au monde cette vérité, qu'il n'appartient plus à personne de ravir à l'intelligence humaine, à la civilisation moderne : *Il n'y a qu'un seul pouvoir de droit divin sur la terre, c'est le pouvoir spirituel du chef de l'Eglise romaine ; tous les autres pouvoirs divers qui, sous le nom de gouvernements, dirigent les sociétés actuelles, sont une émanation du peuple ?*

Si l'Encyclique avait reconnu légalement et complétement le droit des peuples, la religion et la civilisation avançaient d'un siècle.

Maintenant, Monseigneur, je vais examiner très-succinctement quelle doit être la fin de ces deux grandes choses : la religion et la civilisation, et quel sera le nœud, l'alliance intime qui réunira, dans l'avenir, les deux grands principes sur lesquels elles reposent : le droit divin et le droit populaire ; le pouvoir spirituel et le pouvoir temporel.

Mais, comme en ceci, mes paroles ne peuvent plus vous concerner exclusivement, permettez-moi, au moins pour quelque temps, de m'adresser à tout le monde.

Je renvoie au cours de philosophie et de théologie ceux qui ne croiraient pas que la religion est nécessaire à l'homme. Je ne viens pas démontrer ici l'existence de Dieu, de l'âme, d'une création, du libre arbitre, d'une vie future, de toutes ces grandes vérités qui constituent, pour l'Eglise romaine, les *préambules de la foi.* Ceux qui ne croient point à ces notions primordiales de toute vraie philosophie, n'ont qu'à jeter mon livre au feu : je ne me propose ni de les convaincre, ni de les convertir.

J'admets purement et simplement que tout homme raisonnable reconnaît et sent en soi-même la nécessité d'une religion.

Ah! sans doute, les heureux de la terre, au milieu des tourbillons de ce monde qui les étourdit, tombent facilement dans l'oubli de la religion, dans l'indifférence. Ils ne sentent pas la nécessité de croire en Dieu. Ils n'ont pas encore la conscience de leur faiblesse et de la fragilité de la vie; ils n'éprouvent nullement le besoin d'implorer les secours, les consolations et les espérances qui descendent du ciel. Mais viennent l'adversité, les malheurs, les maladies, la mort; viennent ces accidents inévitables qui — tôt ou tard — brisent les affections terrestres et emportent toutes les illusions, tous les rires, toutes les joies! le cœur alors a besoin d'épanchements, de secours, de consolations et d'espérances. Malheur! oh! malheur à celui qui ne sent pas dans ces jours d'angoisses et d'afflictions qu'il y a un Dieu tout-puissant, souverain maître de tout!

Je me souviendrai toute ma vie d'un mot échappé à un esprit fort. C'était un député. On lui annonçait, en ma présence, qu'un de ses amis, libre penseur comme lui, était rentré dans le giron de l'Église : — Ce n'est pas possible! s'écria-t-il. — Rien n'est plus exact, lui fut-il répondu. — Le malheureux! il a donc perdu sa femme ou un enfant!

Ce mot-là est un cri, un aveu de l'âme. Il peint les sentiments intimes du cœur humain, et donne une idée de la valeur et de la force des convictions de l'impie.

Je ne viens pas, ai-je dit, faire ici un cours de théologie, cependant je ne puis me défendre de risquer encore une réflexion tout intime à l'adresse de ces continuateurs du rationalisme exclusif qui se croient toujours prédestinés à renouveler la face de la terre et qui ne peuvent même pas renouveler les doctrines surannées de l'erreur.

Je suppose, avec M. G. Flourens et les sectes athées des solidaires et des libres penseurs, que Dieu n'existe pas, qu'il n'y a ni âme ni immortalité; que tous ces prétendus axiomes sont le produit des imaginations exaltées ou malades. Et je me demande quand j'aurai fait table rase de cette fantasmagorie, de ces rêves de philosophe, si j'y verrai plus clair; si mon intelligence sera plus vaste, et ma raison plus profonde... si je comprendrai mieux le commencement, la fin et l'essence de toutes choses...

Je suppose encore, avec ces messieurs, que toutes les maximes, les formules et les pratiques de la religion de Jésus-Christ, avec lesquelles on a bercé mon enfance, sont tout bonnement des jeux d'esprit, des contes fantastiques créés à plaisir pour satisfaire la curiosité avide et l'imagination précoce du jeune âge; — contes analogues à ces récits de bonnes femmes que Ch. Perrault a recueillis — et je me dis : quand j'aurai chassé de ma mémoire ces illusions charmantes, ces souvenirs où j'ai puisé tant de courage dans les mauvais jours de la jeunesse, tant de consolations et d'espérances dans les peines, les déceptions et les désenchantements de la vie; en serai-je plus heureux?...

Je suppose enfin que tout soit banalité, niaiserie, dans ces actes solennels où le peuple à genoux implore le secours de la Providence, ou la remercie de ses bienfaits; dans ces camps où l'armée reçoit la bénédiction spirituelle, avant de répandre son sang pour la défense de ses foyers et de sa patrie; dans ces temples où chacun tour à tour vient s'humilier aux pieds d'un homme qui, au nom du Tout-Puissant, encourage, fortifie, conseille et pardonne; et j'ajoute : quand vous anrez dégoûté le peuple de cette « comédie », en sera-t-il plus moral?...

Oh! gardez pour vous, messieurs les esprits forts, ce positivisme orgueilleux et laissez-nous ces rêves de philosophe, ces illusions d'enfant, cette foi populaire qui a fait la joie de nos jeunes années, qui fait notre force dans l'âge mûr et qui sera l'espérance de nos vieux jours. Laissez-nous les croyances en Dieu, en l'éternité, ce respect des dogmes et de la pratique de la religion avec lesquelles nous sommes familiarisés dès le berceau, et qui, soyez en sûrs, quoi que vous en disiez, ne nous rendent ni plus bêtes, ni moins heureux, ni moins sages que vous.

Si l'on admet, au contraire, que la religion est indispensable à l'homme, à quelque classe de la société qu'il appartienne, parce que le sentiment religieux est inné en lui; que le peuple doit avoir, pour manifester sa foi, un culte, parce qu'il n'y a pas de religion possible sans une manifestation extérieure quelconque; ne faut-il pas pas admettre aussi que les gouvernements doivent avoir également une religion, une foi et un culte? Ne doit-il pas exister dans l'intérêt commun, entre le peuple et son gouvernement, qui n'en est qu'une émanation plus ou moins absolue et indépendante, le plus d'harmonie, le plus de sympathie, le plus d'unité possibles? Et l'unité de religion n'est-elle pas un gage de l'union des cœurs, de la conformité des vues et des tendances de l'esprit? Comment un peuple religieux — et ils le sont tous — respectera-t-il l'autorité civile si celle-ci est athée, impie ou seulement indifférente? Est-ce que, d'ailleurs, le gouvernement ne doit pas être le reflet des idées et des principes de la majorité de ses administrés? N'est-il pas tenu, sous peine de manquer à sa mission, de favoriser par l'exemple, par la pratique, le développement et l'observation des maximes de morale plus ou moins parfaites, mais généralement sages, qui constituent le fond de toutes les religions en faveur chez les nations civilisées? Enfin que dire d'un pouvoir sans foi, sans culte, qui réclame le serment de ses fonctionnaires, de ses agents et de tous ceux dont il invoque le témoignage pour éclairer la justice, qui fait chanter des *Te Deum* pour célébrer ses victoires? Ne pas croire en Dieu et croire au serment! N'avoir pas de foi et se fier à une formule d'honneur! Quelle dérision! Mépriser les serviteurs de Dieu, et les obliger à chanter vos louanges! Quelle logique!

Le pouvoir doit être religieux, d'abord parce qu'il émane

d'une population religieuse et qu'il doit résumer en lui tous les caractères qui distinguent cette population de croyants de toutes les autres; et, ensuite, parce qu'il est prudent et habile de donner à tous la preuve que la religion n'est pas faite pour la multitude seulement, mais pour les grands comme pour les petits, pour les rois comme pour les sujets, pour les gouvernants comme pour les gouvernés.

Mais le pouvoir doit encore être religieux dans son propre intérêt.

Je sais bien qu'aujourd'hui, dans certains pays constitutionnels, des hommes d'État à courte vue, impatients d'arriver au faîte des honneurs par l'agitation et le désordre, vont s'écriant partout qu'il faut séparer radicalement le pouvoir civil et le pouvoir religieux. Ils savent bien que dans les pays où l'autorité temporelle règne sans prestige et sans force, il y a un moyen toujours sûr de parvenir : c'est de diviser les bons, d'agiter les méchants et de renverser à tout prix tous les obstacles. Ils divisent le peuple, sèment le trouble et l'inquiétude autour d'eux, agitent les passions, caressent les mauvais instincts de la foule et ils montent !... Les voilà arrivés. Alors commencent les bacchanales du succès : il faut tout réformer, disent-ils. Ils chassent donc les vieux serviteurs, et s'entourent de créatures dévouées. Ce n'est plus la dignité, la moralité et les talents personnels qui font obtenir les places, les titres, les honneurs; c'est le dévouement absolu, quand même, aux hommes du gouvernement. Ainsi, tout devient possible. Les lois sont remaniées, les institutions revues et corrigées à la grande satisfaction et à l'avantage de la partie turbulente, inquiète et avide de la nation. Qu'importe que les honnêtes gens gémissent, que les principes de justice soient méconnus, que les choses les plus respectables, la religion, la foi, le clergé soient honnis, bafoués, rejetés hors de la société civile ! Qu'importe, quand un parti tout entier est repu et satisfait !

Les pays où de semblables excès sont possibles, deviennent rares aujourd'hui. Mais ils le deviendraient encore davantage si, partout, le pouvoir temporel était défendu par le prestige et par la puissance d'une religion d'État nettement accusée, franchement pratiquée par le chef comme par les sujets. C'est pour prévenir de tels scandales et de tels bouleversements intérieurs, que la Grèce a eu le bon esprit d'exiger que son nouveau roi embrassât le culte de la majorité des citoyens. Si la Belgique, en 1831, avait adopté la même mesure, la royauté aurait eu plus d'éclat, plus de force et n'aurait pas dû subir aussi souvent le bon plaisir de ses ministres.

Heureusement, la plupart des grands États de l'Europe, ayant compris que l'unité de religion entre la nation et le pouvoir constitue une garantie sérieuse, un gage de sécurité pour tout le monde, ont adopté depuis longtemps une religion d'État.

Les empires ont leurs revers, leurs mauvais jours comme les individus. Dans les guerres, les calamités, les famines, et surtout dans ces grandes épidémies qui font de temps à autre le tour du globe, n'est-il pas touchant de voir les gouvernements eux-mêmes prescrire ces prières publiques qui consolent et rassurent, qui exhortent à la patience et à la résignation les nations éprouvées ?

Et dans les temps ordinaires même, n'est-il pas évident que plus l'autorité dispose de moyens d'action pour inspirer le respect du droit, l'obéissance à la loi et la soumission aux règles de la morale, plus elle est forte et respectée ? C'est ce que tous les grands pays et les grands peuples ont parfaitement compris. La religion est pour eux un moyen de gouvernement cent fois plus efficace que les baïonnettes. Aussi, n'est-ce pas sans raison que le président actuel des États-Unis a tant de fois déjà ordonné des prières. Ce n'est pas non plus sans raison — à son point de vue — que l'Angleterre maintient sous la même couronne le pouvoir civil et le pouvoir religieux.

Pense-t-on que le czar serait aussi craint, aussi respecté

de ses peuples à demi sauvages, s'il ne leur apparaissait pas sur le trône comme le chef de la religion, comme le représentant de la Divinité, plutôt que comme l'empereur, qui commande les armées et qui lève les impôts?

Et n'aurions-nous pas vu depuis longtemps, la Turquie révoltée, déchirée par l'anarchie, si le fanatisme des hordes hétérogènes qui la composent, ne reconnaissait dans le sultan plus qu'un chef temporel : un prophète, un kalife, un iman, un autre Mahomet?

A quelque point de vue qu'on se place donc, il faut reconnaître que les religions d'État sont nécessaires aussi bien dans l'intérêt des gouvernements que dans l'intérêt des peuples.

On n'ira pas, sans doute, inférer de ce que je viens de dire que toutes les religions d'Etat seraient également bonnes. Pour moi, il n'y a de vraie religion, de religion divine, révélée, parfaite, qui répond à tous les besoins et à toutes les aspirations de l'âme, que la religion catholique. Mais — je tiens à être bien compris — chaque nation doit choisir pour religion d'Etat la religion de la majorité de ses citoyens.

On demandera peut-être quelle conduite ces nations devraient tenir à l'égard des cultes de la minorité. Après avoir proclamé la liberté absolue de conscience, elles devraient s'abstenir soit de contrarier, soit de favoriser ces cultes.

Ces considérations théoriques étant exposées, il me reste à examiner : 1º l'application qui en a été faite dans les principaux pays civilisés; 2º les avantages que l'Église catholique peut en retirer.

1º Les pays civilisés qui ont adopté une religion d'Etat peuvent être divisés en trois grandes catégories : la première comprend ceux où le chef temporel de l'État est en même temps le chef spirituel de l'Église; la deuxième, ceux où le chef de l'État représente le chef de l'Église, en vertu d'une convention nommée concordat; la troisième, ceux où l'autorité temporelle n'est engagée par aucun contrat avec l'autorité spirituelle de la religion adoptée en pratique.

Dans la première catégorie il faut ranger en première ligne les États romains où règne le pape, chef spirituel de l'Église catholique. Après lui, viennent un certain nombre de gouvernements, les uns absolus, les autres constitutionnels. Je dirai plus loin ce qu'il faut penser de cette réunion, dans un seul homme, des deux autorités suprêmes. Je signalerai alors les incompatibilités nombreuses et profondes qui existent entre l'exercice du pouvoir temporel, comme chef d'État et celui du pouvoir spirituel, comme chef d'Église ; ou, en d'autres termes, entre ces deux hautes fonctions : *pape et roi,* ou *roi et pontife.*

En tête de la seconde catégorie vient la France. Ici l'Empereur n'est que le représentant du chef spirituel de la religion adoptée, du pape. Un concordat détermine les attributions et les droits de chacun. L'Église gallicane, la religion catholique française, reçoit ses inspirations du pontife romain, son chef spirituel suprême ; mais elle est administrée, dirigée et surveillée par l'Empereur, son chef temporel. C'est une conception heureuse, admirable, dont on ne saurait trop faire ressortir les précieux résultats.

Ainsi le chef de l'Église n'a pas à s'inquiéter du temporel de cette portion de son troupeau qui forme l'Église gallicane. Il n'a qu'à s'occuper exclusivement de tout ce qui a rapport aux principes, aux dogmes, au texte, à l'essence même de la religion. D'un autre côté, l'État n'a pas à craindre que des abus de pouvoir, que des sujets de dissensions politiques, civiles ou religieuses puissent être provoqués soit par les erreurs possibles de quelques membres du clergé, soit par des paroles ou des actes émanant du clergé supérieur, et qui seraient contraires aux lois générales du pays. En vertu du concordat, le pape gouverne l'esprit de l'Église gallicane ; l'Empereur veille à ce que cet esprit soit toujours conforme aux institutions de son peuple. Quant au temporel, tous les soucis, toutes les charges, et toutes les responsabilités sont supportées par le pouvoir civil ; le pouvoir religieux en est affranchi.

Il résulte de là que l'Empereur est le chef du clergé français comme du reste de ses sujets ; que les querelles religieuses ne peuvent jamais dépasser certaines limites ni surtout prendre les proportions d'une guerre de religion ; et que le pouvoir civil, étendant son action sur tous les citoyens, sans distinctions de castes ni de professions, est d'autant plus respecté qu'il est plus fort.

Ainsi, à propos de l'Encyclique, il s'est élevé naguère une difficulté. Le gouvernement français, ayant remarqué que la parole du chef spirituel de l'Eglise empiétait un peu trop sur le terrain des institutions civiles ; craignant qu'on ne tirât parti de cette circonstance pour critiquer, sous le nom et l'autorité du pape, certaines lois et certains actes de sa politique, crut devoir refuser de donner à cette œuvre un caractère officiel. En conséquence, il défendit aux évêques, à qui ce document était spécialement adressé, d'en lire publiquement les passages incriminés.

Je ne dis pas qu'on a bien fait ; je ne dis pas que le gouvernement italien, en laissant un libre cours à l'Encyclique, n'a pas été mieux conseillé ; je dis seulement qu'en agissant ainsi, le pouvoir temporel a usé d'un droit légitime qui ne pouvait lui être contesté. C'est donc avec raison et avec beaucoup d'à-propos que Napoléon III, dans son discours d'ouverture, aux Chambres législatives, le 15 février dernier, a déclaré qu'il voulait maintenir intacts les droits du pouvoir civil que, depuis saint Louis, aucun souverain en France n'avait jamais abandonnés.

J'arrive à la troisième catégorie des pays qui ont adopté une religion d'État, c'est-à-dire à celle où l'autorité temporelle n'est engagée par aucun contrat avec l'autorité spirituelle du culte reconnu. Dans l'intérêt de l'Église catholique, ce système est sans doute préférable à celui qui est appliqué dans la généralité des États de la première catégorie. Sans doute encore, mieux vaut pour tout le monde ce système incomplet, que l'absence totale de religion adoptée, que l'indifférentisme absolu. Mais si nous comparons, à ce point de vue particulier, la situation actuelle de la Belgique à celle de la France, nous serons frappés des conséquences désastreuses qui peuvent résulter du défaut de contrat obligeant réciproquement le pouvoir religieux et le pouvoir civil, le premier à respecter les institutions nationales, le second à protéger la religion.

Deux partis extrêmes divisent le petit royaume de Belgique : l'un défend la religion catholique ; l'autre l'attaque. Ce dernier étant parvenu au pouvoir après des efforts multipliés, obéit à toutes les inspirations de rancunes qui animent ses partisans, au nombre desquels se trouvent toutes les sectes antireligieuses, *acatholiques*, comme dit l'un des meilleurs publicistes de ce pays, M. Deschamps.

Il s'ensuit que le plus grand nombre des Belges sont dans l'interdit civil. Si l'on veut être bourgmestre, notaire, huissier, garde champêtre, professeur, instituteur, ou fonctionnaire à quelque titre ou dans quelque condition que ce soit ; pour être admis à recommander, ne fût-ce qu'à un simple employé salarié, ses enfants, ses neveux, ses amis, ses anciens serviteurs ; pour obtenir des récompenses honorifiques ; pour maintenir ses grades et ses droits à l'avancement non-seulement dans l'armée, mais même dans la magistrature, il faut faire preuve de libéralisme, c'est-à-dire, comme on l'entend aujourd'hui en Belgique, mépriser le prêtre, détester la religion, fuir l'église et renier Dieu !

Voilà où en est la Belgique de ces temps-ci.

En France, ce n'est pas seulement la sagesse de notre Empereur, ni la prévoyance de nos ministres, ni notre bon sens populaire qui s'opposent aux développements des luttes de parti dans le domaine des questions religieuses, c'est l'existence du concordat.

2o Il ne sera pas nécessaire d'insister longuement sur les avantages que l'Église romaine peut retirer de l'adoption des religions d'État par les pays civilisés : ces avantages sont trop évidents ; mais — et j'insiste sur ce point — pour qu'ils soient réels et complets, il est indispensable que les rapports du pouvoir temporel et du pouvoir spirituel, que les attributions et les droits respectifs de l'un et de l'autre, aient été parfaitement déterminés par un concordat. Exemple, la malheureuse Belgique.

Faire des concordats dans tous les pays et avec tous les gouvernements de la terre, tels doivent être le vœu, le but et la préoccupation incessante du Saint-Siége.

Un concordat, au point de vue des intérêts de l'Église seulement, c'est la religion garantie, défendue contre les attaques injustes des partis, les agressions malveillantes des passions et les tentations irréfléchies du schisme. C'est le clergé assuré du pain de la vie. C'est le pape délivré des soucis et des embarras de l'administration du temporel.

Un concordat, c'est la soumission des pouvoirs civils aux lois divines et éternelles du dogme ; c'est l'exemple du respect, de la vénération des choses saintes, donné par les grands aux petits, par les puissants aux faibles ; c'est l'union des peuples par la foi !

C'est surtout, je le répète, l'union des peuples par la foi, par la fraternité, par l'unité évangélique !

Comment, si ce n'est au moyen des concordats, l'Église et le pape pourraient-ils réaliser un jour cet idéal qu'ils enseignent à leurs intrépides missionnaires : *L'unité des esprits par la vérité, par l'Évangile, et l'union des cœurs par l'amour, par la fraternité ?*

Écoutons, à ce propos, ce que dit l'illustre défenseur de l'Encyclique :

« Ces aspirations de l'Église sont partagées, même chez nos frères séparés, par les plus nobles esprits et par les plus grandes et meilleures âmes ! On est las de la division ;

on n'en voit sortir que la stérilité et la guerre! On est las de cette anarchie, qui est le plus actif dissolvant de toute foi, de toute croyance religieuse, et aussi la cause de notre faiblesse et de notre impuissance, pour ramener à la vérité, à la vertu, à la civilisation chrétienne, tant de nations encore idolâtres.

» Quelle ne serait pas notre puissance, si nous étions tous d'accord pour prêcher à ceux qui l'ignorent la vérité évangélique ! La moitié du genre humain reste ensevelie dans les ténèbres, parce que nous lui apportons un Évangile combattu, un Évangile divisé, déchiré en morceaux! Ah ! si l'Angleterre, la France et la Russie étaient d'accord dans la vérité, et par suite dans la charité et dans le zèle de l'apostolat, l'Orient, le monde entier, changeraient de face. L'unité religieuse! vous dites que c'est le passé, et moi je vous réponds avec toutes les forces de mon âme que c'est l'avenir, parce que c'est le salut et l'honneur du monde ! »

Nobles pensées! généreuses paroles! si vous pouviez être entendues de tous les grands de la terre, qui sait si nous n'arriverions pas bientôt à la réalisation de cette harmonie des intelligences, à cette unité des âmes que Jésus recommandait déjà à ses disciples : *Unum sint! Qu'ils soient un !*

Pour en venir là, je ne saurais trop le redire, je ne vois pas de moyen plus sûr, plus efficace et plus prompt que l'adoption des concordats.

Avec les nations catholiques, le Saint-Père doit faire des concordats pour sauvegarder les intérêts et les droits du clergé, en même temps que ceux de l'Église.

Et avec les nations non catholiques, que doit-il faire?... Il doit, par la propagande et la persuasion, amener les peuples et les rois à reconnaître les immenses bienfaits que l'Église romaine répand autour d'elle, sous le régime des concordats. Mais c'est surtout par l'enseignement de l'exemple qu'il doit les amener à lui.

Est-ce que le pape peut accepter comme chose parfaite,

l'union absolue du pouvoir suprême de l'État et du pouvoir suprême de l'Église dans un pays quelconque? Peut-il espérer d'arriver à un concordat dans les contrées où le même homme est à la foi l'élu du peuple comme roi ou empereur, et l'élu de Dieu comme pontife? Serait-il possible au Saint-Siége de traiter sur ce pied avec le czar ou le sultan, voire même avec la reine d'Angleterre?

Qu'il réconnaisse donc ou qu'il ne reconnaisse pas les inconvénients et les dangers qui sont inhérents à la réunion, dans une même main, du pouvoir civil et du pouvoir spirituel, — inconvénients et dangers que j'aurai soin d'énumérer dans un autre chapitre — si le successeur de saint Pierre admet que, dans les pays où règne un culte autre que celui de l'Église catholique, nul prince ne peut être à la foi *roi et pontife* de son peuple ; est-il juste, est-il convenable, est-il sage qu'il reste lui, en face de l'univers, ne fût-ce que pour Rome seulement, *pape et roi*?... C'est ce que nous allons examiner.

Un Roi peut-il être chef d'Église?

Avant d'aborder ce sujet, il est bon de faire remarquer que j'emploie ici le mot de *roi*, comme titre générique équivalant à ceux d'*empereur*, de *prince régnant*, de *président de république*, afin d'éviter des répétitions fastidieuses. Si j'ai choisi ce terme de préférence à tout autre, ce n'est pas pour témoigner que j'aimerais mieux le règne des rois que celui des empereurs, par exemple ; c'est parce que je le trouve plus convenable que ses analogues pour représenter d'une manière générale les diverses formes de pouvoir civil auquel mes réflexions seront applicables.

S'il était même nécessaire, pour apaiser les susceptibilités que cette dénomination pourrait susciter, je ferais, en deux mots, ma profession de foi politique, comme je la défends depuis bientôt vingt années. Elle est bien simple: *Un peuple libre; un pouvoir fort. Beaucoup de liberté en bas; beaucoup d'autorité en haut. Des institutions larges ; mais des lois précises et sévères. Un empire constitutionnel, populaire; mais un empire!* C'est à la sagesse des princes et à celle des peuples de former le trait d'union entre ces deux grands principes : *l'autorité et la liberté;* de les greffer l'une sur l'autre, afin que la première ne soit jamais affaiblie par la seconde, et que celle-ci ne puisse jamais être étouffée par celle-là.

On se rappellera maintenant que j'ai admis trois catégories de religion d'État, et que, dans la première, j'ai rangé les pays civilisés où le chef de l'État est, en même temps, le chef absolu de la religion, ainsi que cela existe, comme je l'ai dit, dans les États romains et dans divers autres grands États de l'Europe.

Je consacrerai un chapitre à part à l'examen du gouvernement papal : il n'en sera donc fait nulle mention spéciale dans celui-ci.

Cela étant, je demande si un roi quelconque, absolu ou constitutionnel, empereur, prince ou président, héréditaire ou électif, à vie ou à terme limité, comme aux États-Unis, peut être, à la fois, le chef temporel et le chef spirituel de son peuple ; s'il n'existe pas entre ces deux éminentes fonctions de roi et de pontife des incompatibilités manifestes.

Il est assez étrange que, dans les pays mêmes où l'on s'est ingénié à créer une foule d'incompatibilités gouvernementales, on n'ait pas encore songé à celle-là. Ainsi, certains parlements ont exclu les fonctionnaires de leur sein sous prétexte qu'ils sont des employés de l'État! N'était-il pas, en effet, infiniment plus habile de se priver, dans les discussions, des lumières de leur expérience et de leurs capacités, que de donner un appoint de quelques voix à l'autorité?... Comment donc ces incorrigibles parlementaires, qui, dans tous les temps et sous tous les régimes, se montrent partout animés des mêmes intentions à l'égard du pouvoir qu'ils veulent amoindrir et décentraliser à tout prix, n'ont-ils pas porté leur attention sur les dangers qui peuvent résulter pour le peuple, pour la liberté et pour eux-mêmes, de la réunion, dans une même volonté, de la puissance que donne la loi et de la puissance qui vient de Dieu ?

Comment n'ont-ils pas saisi la nature et la portée de ces dangers ? Et s'ils l'ont fait, pourquoi ne les ont-ils pas signalés ? Serait-ce parce que ces dangers menacent moins le présent qu'ils ne compromettent l'avenir ?

Lorsque les nations se trouvent encore plongées dans cet état d'ignorance et d'apathie qui caractérise l'enfance des peuples comme celle des individus ; lorsque la crainte du joug, issu de la force brutale, qui a fondé, par la conquête, la plupart des grands empires, n'a pas encore été remplacée par ces sentiments de respect, d'estime et d'affection qui entourent les gouvernements où la justice a remplacé l'arbitraire, où l'égalité des droits civils et politiques a fait disparaître les priviléges des castes, où le libre assentiment de tous est venu donner au chef commun le titre d'Élu du peuple, on comprend qu'un roi s'attribue la mission de pontife, de prophète ou d'envoyé de Dieu. Mais dans une nation civilisée où tout se discute, où l'esprit public est initié à tout ce qui se fait, où chacun est fier des prérogatives et jaloux des droits attachés à la qualité de citoyen, d'homme libre, indépendant, surtout en ce qui a rapport aux opinions religieuses, la même chose n'est plus possible.

Que serait-il advenu, par exemple, en France si l'un de nos rois avait eu un jour la velléité de faire des mandements de carême, d'ordonner des jeûnes, de corriger le catéchisme, de présider des conciles, en un mot, d'enseigner ce qu'il faut croire et ce qu'il faut rejeter en matière de religion ? Un immense éclat de rire lui eût répondu de tous les coins du pays. Le ridicule eût bientôt tué cette royauté sacerdotale.

On peut donc poser en principe que, chez les peuples civilisés où la liberté n'est pas enchaînée, mais organisée, où l'égalité civique est une réalité, un droit aussi incontesté qu'incontestable, le roi qui ajouterait à son pouvoir temporel les fonctions spirituelles de pontife, deviendrait bientôt *ridicule.*

Et comment voulez-vous qu'il en soit autrement ? Nous, citoyens éclairés qui passons notre vie à veiller sur les affaires publiques autant que sur nos intérêts personnels, ne voyons-nous pas de combien de séductions de tous genres, de piéges de toute nature un roi est entouré ? Et ce roi que l'ambition des hommes et la vanité des femmes cherchent sans cesse à flatter, à attirer, à tenter, serait notre pontife, notre pape, notre guide dans les sentiers de la foi et dans la pratique de toutes les vertus chrétiennes! Et si ce roi était une femme, comme cela est arrivé et peut arriver encore dans plus d'un pays ? Une femme, reine et pontife!...

Cette dernière réflexion soulève une question sociale des plus importantes, sur laquelle il faut bien que je m'arrête un instant.

C'est d'ailleurs le propre de toutes les discussions qui touchent à l'organisation même des sociétés, de rencontrer, de temps à autre, de ces problèmes immenses qui vous arrêtent au passage, et dont on ne peut se dispenser de donner une solution, avant de passer outre, sous peine d'être accusé de signaler des difficultés qu'on ne veut point résoudre, et de vouloir renverser un édifice qu'on se sent impuissant à relever.

La question d'une femme reine et pontife, ou reine seulement, rentre dans celle-ci que l'on agite depuis quelques années dans nos livres et dans nos journaux :

Quel doit être le rôle de la femme dans la société moderne?

Les uns — les Anglais surtout — veulent qu'elle soit déclarée apte à tout ; qu'elle jouisse des mêmes droits professionnels, civils et politiques, que l'homme. Les autres prétendent que la femme doit être *femme* avant tout. — Les Anglais ont tort.

Sans doute, la femme est l'égale de l'homme. Elle a l'intelligence, elle a le cœur et, jusqu'à un certain point, la force physique nécessaires pour participer à toutes les fonctions et à tous les travaux qui, dans nos coutumes et dans nos mœurs, incombent particulièrement à l'homme.

Pourquoi, par exemple, ne serait-elle pas admise dans toutes les professions sédentaires qui peuvent s'exercer au foyer domestique aussi bien qu'au milieu des ateliers? Pourquoi aussi ne l'engagerait-on pas à cultiver les lettres et les beaux-arts, où elle viendrait épancher toutes les impressions de son âme et de ses sentiments si délicats et si purs? Que d'émotions suaves et tendres, que d'aperçus ingénieux et piquants, que d'images instructives, pleines de naïveté et de candeur, se dégageraient ainsi de l'esprit et du cœur des femmes?

Mais quant aux fonctions politiques ou administratives, aux professions libérales ou publiques, aux arts manuels qui exigent de grands efforts musculaires et des attitudes pénibles, elles ne peuvent, en aucune façon, être accessibles à la femme, non parce qu'il lui manquerait l'intelligence, la fermeté, le caractère et même les forces suffisantes pour les remplir, mais parce que la femme est ce qu'elle est, *femme* dans toute l'acception du mot d'Hippocrate : *mulier est, quod est, propter uterum.* Parce que, en d'autres termes, son organisation, les conditions de son existence et la destinée de son sexe s'y opposent.

Avez-vous jamais vu une poule prendre les allures du coq, si ce n'est pour défendre ses poussins, ou quand l'âge de la décrépitude est arrivé? Le coq n'est-il pas le pourvoyeur et le guide, le protecteur et le soutien de ses compagnes? C'est lui qui leur annonce le lever du soleil, qui les avertit que le soir approche; lui qui veille à toute heure à l'entretien et à la sécurité générale.

Ce sont là des leçons de la nature.

La femme, dans sa période de maturité et de perfection, ne doit-elle pas passer la plus belle partie de sa carrière dans un état de calme, de quiétude physique et morale, dont le moindre écart devient pour elle, et même pour ses enfants, une cause de mort?

Obstinés novateurs, si vous ne connaissez pas toutes les nécessités de la vie organique; si vous ignorez que la femme doit consacrer la plus grande partie de son temps aux besoins de sa santé et aux devoirs de sa condition; apprenez, au moins, à connaître les lois de la nature. Peut-être alors comprendrez-vous que si l'homme et la femme sont égaux par l'origine, par l'intelligence, par le cœur, par les sentiments; s'ils sont égaux encore devant la justice divine comme devant la justice humaine; s'ils ont les mêmes droits et jouissent des mêmes libertés; si, à l'égard l'un de l'autre, ils ont des devoirs communs et des obligations réciproques, la Providence leur a imposé à chacun une mission, des fonctions et des attributs différents. A l'homme, les attributs de la force : la vie des camps, les luttes et les agitations du forum; à la femme, les attributs du sexe préposé spécialement à la perpétuation et à l'éducation première de la famille : *Mulier est, quod est, propter uterum!*

C'est ce que tous les peuples éclairés ne tarderont pas à reconnaître. Ils déclareront alors que la femme n'est pas née pour être ni le chef des armées, ni le chef suprême des pouvoirs civils et religieux; ni général, ni reine, ni chef d'Église!

Je ne m'attacherai pas à démontrer combien la réunion des autorités civile et religieuse dans une seule main peut causer de préjudices à la religion même de la majorité des citoyens; j'ai hâte d'arriver au point capital de cette grave question, et de faire voir que ce double pouvoir est incompatible avec la marche, le progrès et le développement de toutes les libertés modernes.

De deux choses l'une : ou le roi-pontife croit sincèrement à la religion dont il est l'organe absolu; ou il la considère comme un moyen politique qui lui permet de gouverner plus facilement ses sujets. Dans le premier cas, il a cette foi exclusive qui anime tout croyant, et doit agir en conséquence. Dans le second, quoique la foi ne réside pas au fond de sa conscience, il doit agir comme s'il la possédait, à moins de perdre tout le prestige et la puissance qu'il emprunte à son caractère de pontife. Dans un cas comme dans l'autre, par conviction ou par tactique, le roi-prêtre doit être intolérant. Il ne peut admettre, sans renier son Église, la liberté de conscience, la liberté des cultes. Il ne peut laisser ni discuter, ni contester sa religion, car les discussions en matière religieuse deviennent des atteintes aux attributs de la couronne; et toute entreprise qui aurait pour objet d'introduire et d'organiser, ne fût-ce que par la persuasion, un culte dissident, prendrait les proportions d'un crime de lèse-majesté.

Le roi-pontife prétend tenir la vérité de Dieu et l'inspirer au nom du droit divin. Il ne peut même pas tenter de modifier les dogmes fondamentaux de son culte, parce que ce serait avouer les défauts, les vices, l'imperfection des croyances traditionnelles qu'il représente, et provoquer ainsi l'examen et le doute dans l'esprit de son peuple.

On reproche vivement aux ultramontains de la France, de l'Italie et du Mexique de vouloir introduire dans les concordats faits ou à faire avec ces puissances, des conditions trop absolues, inconciliables avec les libres institutions qui y règnent.

Dans la lettre adressée par Pie IX à l'empereur Maximilien, vers le milieu de février, on lit : « Il faut avant tout que la religion catholique, *à l'exclusion de tout autre culte dissident*, continue à être la gloire et le soutien de la nation mexicaine; *que personne n'obtienne la faculté d'enseigner et de publier* des maximes, fausses et subversives ; que l'enseignement tant public que privé, soit dirigé et surveillé par l'autorité ecclésiastique. » Et encore : « Si l'on permet aux journaux d'insulter impunément les pasteurs et d'attaquer l'Église catholique, le scandale pour les fidèles et le dommage pour la religion resteront les mêmes, et peut-être deviendront plus grands encore. »

Si de pareilles prétentions sont soulevées par le pape, en faveur de son culte, dans les pays où il n'a ni intérêts politiques à défendre, ni pouvoir temporel à conserver; que doit-on attendre de ces rois-pontifes qui se servent de la religion comme d'un instrument propre à assurer les droits et à maintenir tous les priviléges de leur couronne? Que deviennent la liberté des cultes, la libre discussion philosophique dans ces contrées? Si l'on y tolère quelques cultes dissidents, n'entravera-t-on pas, autant qu'il sera possible et de toute manière, directement ou indirectement, leurs progrès et leurs tentatives les plus légitimes de propagande? Et si ce culte, malgré tout, s'insinue peu à peu dans les masses, touche les cœurs, opère des conversions, ne se hâtera-t-on pas d'apporter des limites inflexibles, rigoureuses, de par la force des lois civiles, au simulacre de liberté, au semblant de tolérance qui lui auront été momentanément octroyés?

Et dans les lieux où il n'existe ni liberté religieuse, ni liberté philosophique, peut-il exister d'autres libertés civiles ou politiques? Aucunement. Les libertés sont comme les rouages d'une machine; c'est un faisceau unique : si l'un de ces rouages est enrayé, tous les autres le sont également; si l'un des éléments du faisceau vient à tomber, les autres suivent.

Quand il n'y a pas de liberté de conscience, peut-il y avoir une liberté d'enseignement? Si la liberté de discussion est interdite, la liberté de la presse peut-elle être réelle? Le Saint-Père, dans les conditions qu'il propose au gouvernement mexicain, comme bases d'un concordat, a, au moins, le mérite de la franchise et de la logique. Il veut qu'on empêche les journaux d'attaquer l'Église catholique, en même temps qu'on leur défendrait, avec raison, d'insulter les pas-

teurs; il veut aussi que son clergé ait la direction et la surveillance de l'enseignement public et privé, à l'exclusion des
desservants de tous les autres cultes. Si le Mexique consen-
tait à constituer son Église d'après des exigences aussi radi-
cales, il n'aurait qu'à biffer de sa constitution toutes les
libertés nationales que Maximilien Ier a promis de lui accorder
en acceptant la couronne.

Mais l'union intime du pouvoir civil et du pouvoir religieux offre encore d'autres inconvénients et d'autres dangers
que ceux dont je viens de m'occuper.

N'est-il pas évident que tout roi-pontife, en vertu de ses
convictions religieuses sincères, ou par habileté politique,
protégera les hommes qui partageront ses croyances et ses
vues, et qui pratiqueront ostensiblement les rites de son
Église; tandis qu'il éloignera de ses conseils ou des fonctions
de l'État, de toutes les places influentes et lucratives, tous
ceux qui seraient plus ou moins attachés aux cultes dissidents ?

N'est-il pas évident encore que le chef des deux pouvoirs
suprêmes de l'État ne manquera pas de faire servir sa double
puissance à la réalisation de ses desseins, tantôt s'ap-
puyant sur la religion pour donner plus d'autorité et inspirer
une plus ferme soumission aux prescriptions, justes ou non,
de la loi; tantôt invoquant les décrets et les injonctions de
celle-ci pour donner une sanction pénale aux dogmes religieux, sages ou absurdes, qu'il lui plaira de maintenir ou
d'imaginer ?

Les réflexions qui précèdent ne sont pas de simples prévisions théoriques : c'est de l'histoire contemporaine. Voyez ce
qui se passe actuellement en Russie, à l'égard de la malheureuse Pologne, de cette nation dont un vampire a sucé
tout le sang, et qui, même à l'état de cadavre, est encore
l'objet de sa sauvage cruauté. Voyez ce qui se passe en Turquie, où la civilisation naissante parvient avec tant de peine
à jeter quelques étincelles dans l'intelligence abrutie des

sectaires de Mahomet. Voyez même ce qui se passait hier encore en Angleterre, cette prétendue mère patrie de la liberté et de la civilisation.

On ne peut certainement établir aucune espèce de comparaison entre l'Angleterre et la Russie ou la Turquie. Tout est différent : les mœurs, les coutumes, le gouvernement, le mode même des religions d'État. Dans l'Église anglicane, comme dans l'Église gallicane, le chef temporel ne s'immisce nullement dans les questions de doctrine, tandis que le sultan et le czar sont des types de rois-pontifes. Cependant les Anglais, au lieu de proclamer la liberté des cultes et l'égalité civique, qui existent en France déjà depuis longtemps, se sont toujours efforcés d'éloigner des fonctions publiques les *papistes* et les juifs. Cela tient à plusieurs causes : au fanatisme religieux, résultant de la haine que l'Église réformée a conçue contre l'Église mère, l'Église romaine ; à l'absence d'un concordat déterminant les attributions et les droits respectifs de l'autorité temporelle du chef de l'État et de l'autorité spirituelle des directeurs du schisme ; et à l'oligarchie aristocratique, qui tient le reste de la population de la Grande-Bretagne dans un état de vassalité que les efforts de la Chambre des communes ne sont pas encore parvenus à faire cesser : on peut dire que la nation anglaise n'est pas complétement affranchie !

Ainsi, de quelque côté qu'on se tourne, partout où les religions d'État sont soumises exclusivement à l'autorité régnante, sans chef spirituel spécial, sans concordat et sans contrôle, on se trouve toujours en présence des mêmes difficultés, des mêmes dangers. L'union intime des deux pouvoirs, civil et religieux, est un obstacle insurmontable à la marche, au progrès et au développement pacifique de toutes les libertés modernes ; elle prolonge ainsi l'enfance des peuples en empêchant les lumières de la civilisation de circuler et de se transmettre ouvertement par la plume ou par la parole. Ainsi, les sociétés restent longtemps stationnaires, aveuglément soumises à l'arbitraire d'un pouvoir fondé sur la force plutôt que sur le droit, et appuyé par la superstition plutôt que par la raison.

Et cependant, quoi qu'ils fassent, les rois-pontifes auront pu retarder de quelques années les conquêtes de la civilisation et l'avénement du droit des peuples ; ils auront pu défendre longtemps leur double autorité contre les envahissements de la raison et de l'intelligence publiques ; ils auront pu empêcher qu'elles arrivent de bonne heure à cette distinction, ou plutôt à cette division qui est dans la force des choses, et qui sera, par conséquent, la vérité de l'avenir : *le pouvoir temporel émane du peuple, le pouvoir spirituel émane de Dieu ; les rois relèvent du droit des peuples, le chef de l'Église catholique seul ne relève que de Dieu* ; ils auront pu ajourner l'heure du triomphe définitif de la vérité sur l'erreur, de la vraie religion sur les croyances superstitieuses ; du droit populaire sur la force brutale, mais ils ne l'auront pas empêché de se produire ! Elle arrivera fatalement, inévitablement. Les idées glissent, s'insinuent, s'infiltrent lentement dans les masses ; mais elles y germent, elles y fructifient, elles y mûrissent. Alors les nations arrivent à leur virilité : la civilisation est faite. A partir de ce moment, les fausses grandeurs s'évanouiront, et les peuples se diront en voyant leurs rois-pontifes, ce que les Français se diraient aujourd'hui s'ils voyaient Napoléon III mettre la tiare au-dessus de sa couronne impériale : comédie ! Et ils partiraient de cet immense éclat de rire qui a fait tomber tant d'idoles sous l'arme du *ridicule !*

Le Pape doit-il être Roi ?

Ce que j'ai à dire du gouvernement papal est bien simple.

Le pouvoir temporel n'a jamais rendu aucun service à la papauté ; — il ne lui a créé que des tourments et des dangers. L'histoire de l'Église le prouve. L'état actuel de la question romaine le prouve aussi.

A la religion catholique, ce pouvoir n'a causé que des dommages.

Si les attributs et les devoirs de la royauté sont inconciliables avec ceux du pontificat, l'inverse est également vrai.

Mais il y a plus :

Le pape, chef de l'Église catholique, universelle, est moins apte encore que les chefs spirituels des autres cultes à être investi d'un gouvernement particulier quelconque. Il y a de plus nombreuses incompatibilités entre la mission providentielle du pontife romain et une royauté si vaste, ou si humble qu'elle puisse être, qu'entre tous les autres pouvoirs civils et religieux de la terre.

C'est ce qu'il s'agit d'établir.

Voudrait-on bien nous faire connaître les avantages que le Saint-Siége a retirés des États romains? Eût-il joui de moins de considération et de respect ; eût-il été moins influent dans le monde, moins riche et moins libre, si, depuis saint Pierre jusqu'à Pie IX, les frontières du pouvoir temporel se fussent arrêtées aux murs du Vatican?...

Et si, au contraire, nous jetions un coup d'œil sur les tribulations que cette vaine royauté a causées à la plupart de nos pontifes, et sur les fautes qu'elle leur a fait commettre ; si nous demandions, par exemple, pourquoi il s'est rencontré des papes belliqueux, conquérants et conspirateurs ; pourquoi on a vu, tant de fois, des papes former des coalitions, des ligues ; envenimer les querelles des princes et les rivalités des nations ; intervenir ouvertement dans les dissensions civiles et politiques des États, avec les menaces et les foudres spirituelles de l'Église, afin de faire pencher la balance d'un côté plutôt que de l'autre, et pas toujours du côté de la justice, de la loyauté et du droit?... Que répondrait-on ?

Ouvrez l'histoire, lisez et jugez.

Croyez-vous, pieux serviteurs du Dieu de sagesse et de bonté, que la religion catholique, avec ses dogmes sacrés et son admirable morale, ait produit dans le moyen âge et dans les temps modernes tout le bien qu'elle eût certainement fait, si ses pontifes, au milieu des agitations sociales, ne se fussent plus volontiers préoccupés de l'extension de leurs droits et de leurs priviléges princiers que de la propagation de leurs croyances?

Passons sur ce sujet. En y insistant, nous n'apprendrions d'ailleurs rien à personne, parce que les annales de tous les peuples de l'Europe sont remplies des détails de ces éternels conflits entre les papes et les rois, au sujet de la prépondérance que les premiers prétendaient exercer sur les attributions temporelles des seconds. Bornons-nous donc aux faits contemporains.

Que voyons-nous de nos jours ?

Si l'Italie, malgré le vœu unanime de ses citoyens et de ses hommes d'État, a tant de peine à se faire d'elle-même ; si l'ancien empire romain ne peut se reconstituer, non pas sur les frontières, mais au cœur même du pays ; si la France se trouve engagée à empêcher la réalisation immédiate d'un événement qu'elle sent inévitable, et dont elle ne redoute nullement les conséquences, pas plus pour elle que pour l'avenir de la religion romaine ; si la Convention du 15 septembre a été nécessaire ; si l'Encyclique du 8 décembre a été l'objet d'un interdit ; si l'Église catholique a vu naître depuis son origine tant de schismes réformistes, et si elle compte aujourd'hui tant d'adversaires dans son propre sein, est-ce que l'amour inconsidéré des choses temporelles n'y est pour rien?

Supposons qu'il n'y soit pour rien. Plaçons-nous à un autre point de vue ; et regardons de plus près les rouages du gouvernement pontifical.

Tous les inconvénients administratifs ; les abus et les conflits d'autorité ; les entraves apportées à l'exercice des libertés nationales ; les obstacles qui s'opposent au développement de ces libertés et, par suite, aux progrès de la civilisation; tous les dangers qui sont inhérents, ainsi que nous l'avons vu tout à l'heure, à ces pouvoirs où le temporel est confondu avec le spirituel, ne se révèlent-ils pas avec plus d'évidence encore dans le gouvernement du pape-roi? Les membres du clergé ne sont-ils pas partout : à la tête des affaires publiques, dans les tribunaux, dans toutes les fonctions, à toutes les places, à toutes les portes officielles, s'occupant à la fois des intérêts civils et religieux, mêlant le profane au sacré, faisant de la religion à propos de tout, ce qui ne serait peut-être pas un mal si tout ne se faisait, bon ou mauvais, au nom de la religion.

Le titre le plus recommandable pour obtenir, à Rome, des emplois et des faveurs, des grâces ou des protections, n'est-ce pas d'être ou de paraître fervent catholique avant tout? On prétend que les cultes dissidents jouissent de la plus grande sécurité dans les Etats romains. Cela est possible. Mais participent-ils aux avantages et aux droits de l'égalité civique? Quelles garanties ont-ils du maintien de cette sécurité? S'ils sont paisiblement tolérés aujourd'hui, le seront-ils encore demain? Car enfin la logique et le bon sens veulent que les princes qui déclarent, au nom de Jésus-Christ, que, *hors la foi catholique, il n'y a point de salut*, cherchent sans cesse par tous les moyens dont ils disposent à faire le salut de leurs sujets; à sauver l'âme des enfants malgré les vœux et les réclamations du père et de la mère. Et quel arbitraire civil, quelle tyrannie politique, quels abus administratifs de tout genre ne peut-on prescrire et justifier si l'on admet que la force, que le pouvoir civil, doivent être mis au service et sous la dépendance absolue du pouvoir religieux !

Et si quelqu'un doutait de l'exactitude de ces aperçus, qu'il aille à Rome; qu'il descende au milieu de cette population intelligente, ballottée depuis si longtemps entre ses instincts patriotiques et ses sentiments religieux, entre son amour pour la liberté et sa vénération pour la foi, et qu'il nous dise après comment il pourrait concilier ces nobles aspirations sous la royauté des papes.

Le pouvoir religieux n'est-il pas, de sa nature, absolu, exclusif, tandis que le pouvoir civil, chez les peuples éclairés, bien entendu, est toujours limité, conditionnel, déterminé et réglé par des lois qui garantissent, au peuple comme au pouvoir, leurs droits respectifs : au peuple le droit à la liberté, au pouvoir le droit à l'autorité? Comment voulez-vous alors que le pape le mieux intentionné et le plus habile parvienne jamais à exercer par lui-même, dans les mêmes lieux et sur les mêmes individus, deux autorités contradictoires? Il faudra de toute nécessité que l'une de ces deux autorités domine l'autre : le pape-roi sera pape, ou bien il ne sera que roi.

Pie IX, en 1847, a voulu essayer de transformer le gouvernement des États romains en régnant à la fois comme pape absolu et comme roi constitutionnel. A quoi cette tentative généreuse a-t-elle abouti? A faire constater l'incompatibilité radicale de ces deux pouvoirs et à mécontenter tout le monde, aussi bien les citoyens qui réclamaient la liberté civile que les prêtres qui défendaient la suprématie du pouvoir religieux. On peut dire qu'à partir de ce malheureux essai, la puissance temporelle des papes a été jugée; elle avait fait son temps.

Mais il y a plus, ai-je dit.

S'il pouvait y avoir différents degrés d'incompatibilité, je dirais que l'incompatibilité qui existe entre les attributs du chef de l'Église catholique et les devoirs de la royauté est plus grande que celle qui vient d'être signalée entre ces mêmes devoirs et les attributs des chefs spirituels des autres cultes.

Le czar et le sultan, par exemple, peuvent concilier, jusqu'à un certain point, les prescriptions de leur double pouvoir, parce que, au temporel comme au spirituel, leur volonté est souveraine absolue. Il n'en est pas de même du pape.

La religion catholique n'a pas été faite pour une nation particulière, ni pour un gouvernement spécial ; elle a été faite pour le monde entier. C'est la religion de la civilisation, de la liberté et de l'avenir. C'est elle qui a rendu à la femme sa dignité sociale, et qui a délivré l'homme du joug païen et impie de l'esclavage. C'est elle — et bien avant 1789 — qui a placé la *liberté*, l'*égalité* et la *fraternité* des individus et des peuples au nombre et à la tête des vertus civiques. N'est-ce pas elle encore qui répète sans cesse : « *Aidez-vous les uns les autres ; aimez-vous les uns les autres !* et qui a fait de la charité une loi chrétienne ? »

La religion catholique est la religion la plus libérale, la plus sociale, la plus humanitaire, la plus réellement solidaire du monde. Elle est compatible avec toutes les formes de gouvernement, parce qu'elle en est indépendante. Son pouvoir s'exerce sur les cœurs et sur les intelligences, c'est-à-dire sur tout ce qu'il y a de plus libre et de plus grand ici-bas. Les divins préceptes dominent toutes les passions humaines parce qu'elles enseignent aux forts, la modération ; aux faibles, la résignation ; à tous, la sagesse, la justice, la loyauté, le respect du serment, l'amour du prochain, le pardon des injures et l'oubli des offenses. L'Église romaine réunit donc tous les caractères d'Église catholique, universelle. Elle est accessible à tous, comme elle trouve accès partout, dans tous les lieux de la terre, sous tous les régimes politiques, et dans toutes les conditions de la société.

Et c'est cette même religion universelle, si divine et si parfaite, qui devrait continuer à faire corps ou cause commune avec les exigences, les besoins ou les vicissitudes d'un gouvernement temporel quelconque !....

Le pontife qui a reçu la mission d'enseigner les maximes que nous venons de rappeler ; de proclamer en tous lieux ce principe de respect absolu de la vie humaine : *Non occides* ; et qui ne doit jamais souhaiter la mort du pécheur, mais sa conversion et son repentir, peut-il concilier cette mission avec les charges et les obligations des royautés humaines? Peut-il lever des armées, déclarer la guerre, rendre le mal pour le mal, et autoriser l'application de la peine de mort?...

Ce qui était permis à l'origine des temps, dans l'enfance des sociétés, peut ne l'être plus quand les temps sont changés et que la civilisation a marché.

Mais, dira-t-on peut-être, si le pape ne peut plus, dans l'état actuel de nos sociétés, lever des armées, faire la guerre et appliquer la peine de mort, n'est-il pas obligé, en conscience, de s'opposer de toutes ses forces à ce que les chefs temporels des nations le fassent?

Évidemment oui.

C'est même au silence absolu observé à cet égard par l'Encyclique, que je faisais allusion, quand je déclarais, au début de ce livre, que le document pontifical du 8 décembre contient des lacunes regrettables ; et quand j'ajoutais que, pour ma part, j'aurais plus volontiers approuvé bien des choses qui n'y sont pas, que certaines propositions qui s'y trouvent.

Ainsi, dogmatiquement, le pape aurait dû condamner le droit de faire la guerre, ainsi que celui d'appliquer la peine de mort. Et je suis convaincu qu'il l'eût fait, si les soucis et les arrière-pensées que le désir de conserver le pouvoir temporel ont suscités dans son esprit, ne l'en eussent empêché.

Est-ce à dire, pour cela, qu'il devrait contester aux pouvoirs temporels existants le libre exercice de ces terribles droits civils et politiques? Nullement. On doit faire ici la même distinction que nous avons faite à propos de la liberté des cultes. La guerre est un fléau, une calamité sociale; la peine de mort est une nécessité de nos mœurs et de nos lois imparfaites. Le pape peut montrer, dans l'avenir, à la civilisation contemporaine, un idéal divin, une providentielle perspective ; mais autant que nous tous, il sait et comprend que cette perspective est, quant à présent, irréalisable, et que cet idéal est bien loin encore de notre civilisation.

Pour que la guerre ne fût plus possible entre les hommes, il faudrait qu'ils eussent tous la même religion, une seule foi; que tous les pouvoirs temporels de la terre fussent issus des droits du peuple ; que chaque nationalité fût fondée sur la communauté d'origine, de races, de langage, de mœurs et de coutumes; il faudrait enfin que les peuples, comme les individus, ne fussent plus inspirés que par ces sentiments de justice, de fraternité et de charité dont la religion catholique a fait autant de vertus.

Pour qu'il n'y eût plus de peine de mort,... il faudrait qu'il n'y eût plus d'assassins. Supprimer la peine de mort dans les temps où nous vivons, ce ne serait pas seulement enlever aux méchants la crainte d'un châtiment terrible ; ce serait obliger les bons à s'armer, à se défendre et à se venger eux-mêmes ; ce serait exciter les populations à satisfaire elles-mêmes, — comme dans certaines contrées du nouveau monde, par l'inexorable loi du *Lynch*, — la justice populaire qui crie à chaque grand criminel : Punition pour le forfait, vengeance pour les [victimes ! Ce serait enfin engager les novateurs trop pressés à réclamer, après l'abolition de la peine de mort, l'abolition de la détention perpétuelle, cette mort civile cent fois plus pénible, plus longue que la mort physique, mais cent fois moins redoutée !

Il me semble que les considérations qui précèdent suffisent pour démontrer que le père commun des fidèles, dans l'intérêt de la religion et de la civilisation, ne peut plus garder, à côté de son pouvoir spirituel, le pouvoir civil; qu'il ne doit plus être *pape* et *roi*.

Plus on y songe, plus on reconnaît la nécessité de séparer complétement ces deux pouvoirs, surtout en Italie.

Il faut que l'Italie soit libre et une, et que la religion soit indépendante.

Dans aucun cas ni dans aucun temps, le Saint-Siége ne

pourra autoriser ses sujets à suivre tous les caprices de leur imagination et toutes les fantaisies de leur intelligence en matière de foi. Jamais il ne pourra leur accorder les libertés auxquelles toutes les nations civilisées aspirent et auxquelles elles ont droit. Aucune illusion n'est possible à cet égard. Le *non possumus* est l'*ultima ratio* du pouvoir temporel, non-seulement pour le présent, mais pour l'avenir. Avec le pape-roi, jamais Rome ne sera libre !

Quelle poignante perspective pour un peuple et pour son prince !

Aussi, nous avons beau chercher autour de nous, dans l'histoire, dans la littérature, dans nos débats législatifs, dans l'esprit du siècle, nous ne rencontrons aucune raison sérieuse plaidant en faveur de cette cause du *pouvoir temporel des papes*, qui nous semble aujourd'hui définitivement jugée et perdue.

On invoque encore quelquefois l'*ancienneté du pouvoir temporel*, l'*ancienneté des droits du pape*. Mais ancienneté n'est pas synonyme de légitimité. Or, personne n'ignore plus aujourd'hui que la volonté des peuples ou le droit des peuples est l'unique source des droits de toute autorité politique, et que ce droit est imprescriptible. Le peuple délègue son droit, mais il ne le perd jamais. Les prétendus droits du pape sur le gouvernement des États romains, si anciens qu'ils soient, ne sont pas soutenables.

Aussi, quand ses rares partisans viennent nous dire que « la chute du pouvoir temporel des papes, si elle vient à s'accomplir, serait un de ces événements qui retentissent dans l'histoire et qui caractérisent une époque [1], » au lieu d'ajouter avec eux que « les princes qui l'auraient consommée seraient longtemps et nommés et jugés sur cet acte ; » qu'ils seraient sans doute réprouvés et maudits de Dieu et de la postérité, nous sommes, au contraire, tentés de nous écrier :

---

[1] Voir la brochure de Mgr l'évêque d'Orléans, p. 80.

Ce sera à partir de cette époque seulement que la religion romaine jettera sur le monde le rayonnement de sa divine lumière ; que l'unité des cultes marchera rapidement vers la réalisation, et que s'accomplira enfin cette union, cette harmonie de la civilisation et de la foi, si ardemment souhaitée par Mgr l'archevêque de Paris, dans son dernier mandement de carême.

Puisse donc enfin tomber ce malheureux pouvoir, cause de tant de troubles et de tant d'agitations ! Puisse-t-il surtout tomber de lui-même, afin que nous n'ayons pas la douleur de le voir briser ! Parce que s'il attend qu'on le brise, — malgré la parole et l'épée de la France, malgré les engagements solennels du gouvernement de l'Italie, malgré la patience et la résignation des Romains, — si ce n'est la civilisation, ce sera Dieu lui-même qui le brisera !

Le Pape et les Rois.

L'habile défenseur de l'Encyclique, après avoir examiné la portée de la Convention du 15 septembre, croyait avoir démontré que l'abandon de Rome par nos troupes ne ferait ni le bonheur de l'Italie, ni l'honneur de la France.

De mon côté, au point où j'en suis arrivé, je crois avoir démontré que l'abandon des États romains par le pape ferait l'honneur de la papauté et le bonheur de l'Italie.

Mgr l'évêque d'Orléans a défendu avec énergie ce qu'il appelle les droits temporels des peuples ; ces prétendus droits, je les ai niés. J'ai fait plus, j'ai soutenu que, dans l'intérêt commun de la religion et de la civilisation, le pouvoir fondé sur ces anciens droits devait disparaître.

On peut dire que tout l'objet de ce petit livre, c'est la suppression de la puissance temporelle des papes. Faire comprendre que cette suppression est inévitable, et qu'elle aurait pour tout le monde, y compris le Saint-Père, pour l'Église comme pour la société, des résultats heureux : tel a été mon principal but.

Mais quand son pouvoir temporel n'existera plus, que deviendra le Saint-Siége?

Il ne suffit pas, en effet, de renverser et de détruire; il faut édifier. Il ne suffit pas de chercher à faire du bien, il faut éviter de causer du mal. Aucun homme sérieux et sage ne peut vouloir que le pape soit humilié, amoindri aux yeux de l'univers; ni que la religion, dépréciée, perde de son influence civilisatrice. Il convient donc d'examiner quelle est la situation qui sera faite au Saint-Père, après la chute de son pouvoir précaire, quand Rome sera devenue la capitale de l'Italie?

Je crois avoir démontré que toute nation éclairée doit adopter une religion d'État; et que si la civilisation moderne, le *droit nouveau*, comme disent dédaigneusement les ultra-montains, ne peut plus admettre que le pape soit roi, elle n'admet pas davantage qu'un chef temporel soit, en même temps, roi et pontife. Il est donc nécessaire de déterminer quels doivent être désormais les rapports du pape, chef de l'Église universelle, et des rois, chefs des peuples.

Enfin, comme on aime assez généralement à porter son imagination sur les événements dont on prévoit la réalisation prochaine, afin de se faire à l'avance une idée approximative de leur importance et de leur valeur, il ne sera pas sans intérêt de jeter un coup d'œil sur les conséquences qui pourront résulter de ce nouvel état de choses pour le bonheur de l'humanité.

I. — Situation nouvelle du saint-siége. — On a traité d'*utopie absurde* l'idée italienne d'avoir *l'Église libre dans l'État libre*. Dans son brillant plaidoyer, Mgr l'évêque d'Orléans a peint sous des couleurs bien sombres les premières tentatives qui ont été faites, par la révolution italienne, pour asseoir le trône sur le vœu des populations, sur les aspirations nationales, et pour fonder ensuite *dans l'Etat libre*, *l'Église libre*. Où est la cause de tous ces malheurs? où doit remonter la responsabilité première de ces accidents, de ces crimes inséparables des tempêtes humaines déchaînées contre des obstinations, des obstacles profondément enracinés?....

Cependant, jamais conception utopique ne fut plus sage, ni plus aisément réalisable. Elle est même d'une telle simplicité, si logiquement naturelle qu'il est impossible que les choses, un jour, puissent se passer autrement. Quel empêchement y aurait-il à ce que le pape fût libre, indépendant de toute espèce de pouvoir civil et politique, dans n'importe quelle localité appartenant à une puissance catholique? C'est bien là l'Église libre.

Ne peut-il pas aussi, si cela lui plaisait, maintenir son siége épiscopal à Rome même, capitale de l'Italie régénérée, reconstituée par l'union de la raison et de la foi, de la religion et de la civilisation, de l'autorité et de la liberté, de l'Église et de la politique, du droit divin et des droits du peuple? N'est-ce pas là l'État libre?

Et entre cette Église et l'État, au sein duquel la papauté a posé la première pierre de son édifice, ne pourrait-il y avoir un concordat qui fît respecter les droits et les libertés de chacun? Où seraient les inconvénients? où sont les obstacles? Qu'y aurait-il d'étonnant de voir dans les mêmes lieux, chez le même peuple, un pouvoir civil et un pouvoir religieux complétement indépendants l'un de l'autre, quoique liés entre eux par une religion d'État? Le premier dirigeant toutes les institutions civiles et politiques, tout le temporel; le second régnant sur les choses spirituelles, répandant autour de lui les maximes et les dogmes de la foi, et dirigeant de son siége apostolique l'humanité tout entière dans les voies de la sagesse et de la justice divines?

Est-ce que tout cela n'est pas réalisable pourtant, à Rome comme ailleurs, et ailleurs aussi bien qu'à Rome?

Voyons maintenant quelle pourra être la situation du Saint-

Siége dans la ville éternelle même, après l'unification de l'Italie. Le champ des hypothèses est ouvert; chacun peut voir ici son utopie.

Voici la mienne :

Le pape a la jouissance entière, exclusive, d'autant de palais, de villas et de châteaux qu'on le jugera nécessaire. Ces propriétés sont entretenues aux frais de l'État ; elles sont inaliénables.

Le pape n'est ni citoyen romain, ni sujet italien; il ne relève d'aucune juridiction humaine : c'est le représentant de Dieu.

Aucune institution politique ou civile, aucune décision législative ne peut l'atteindre. Il n'appartient à personne, parce qu'il est au-dessus de tous : il domine le monde.

Le pape fait et défait, à son gré, son entourage, sa maison, ses serviteurs. Les nations catholiques lui font une garde d'honneur qui est permanente, ou que l'on renouvelle selon ses désirs.

Le pape entretient avec toutes les puissances de la terre des rapports diplomatiques au moyen de ses nonces et de ses légats.

Ses revenus se composent : 1º du produit de sa fortune privée; 2º du montant des listes civiles qui lui sont allouées par les gouvernements qui ont admis un concordat; 3º par les dons des fidèles.

Ses charges consistent uniquement dans l'entretien de son corps diplomatique et celui du service particulier de sa maison.

II. — RAPPORTS NOUVEAUX ENTRE LE PAPE ET LES ROIS. — Je continue mon utopie.

Le pape est représenté, ai-je dit, auprès de chaque puissance, catholique ou non, par un agent diplomatique. Outre cet agent diplomatique, dans les pays où l'on a adopté une religion d'État, et par conséquent un concordat, le chef de la nation est substitué au pape pour tout ce qui concerne l'entretien et la surveillance du spirituel.

Le concordat, d'ailleurs, règle et prévoit toutes les circonstances et tous les détails qui pourraient présenter quelques difficultés dans l'exercice de chacun de ces pouvoirs.

Le point capital pour les peuples, c'est d'avoir un bon concordat. Toute la question est là. Quand les rapports des gouvernements et de l'Église sont parfaitement définis, il n'y a plus à craindre ces conflits et ces empiétements d'autorité, dont le moindre inconvénient est de porter atteinte tantôt à la liberté de conscience, tantôt à celle de la presse.

Sur quelle base faut-il donc établir ces conventions entre la tiare et les couronnes chrétiennes?

Sur l'indépendance absolue et réciproque des pouvoirs civils et religieux.

Le chef de la nation doit se réserver le droit d'accorder tous les libertés politiques et civiles qu'il croira utile à ses sujets et à son administration : liberté de conscience, de l'enseignement, de la presse, etc.; de répartir suivant les besoins présents les membres du clergé national, de pourvoir aux places vacantes et de proposer ou de nommer directement aux promotions jusqu'à une certaine classe de la hiérarchie ecclésiastique; de suspendre de ses fonctions pour un temps plus ou moins *limité* le prêtre qui aurait commis des infractions graves aux lois générales du pays, etc., etc.

Le chef de l'Église doit se faire garantir le temporel du clergé national, qui tombe tout entier à la charge de l'État; il doit se réserver la nomination à la prêtrise, l'ordination par lui-même ou par ses évêques; la promotion aux grades les plus élevés du sacerdoce; la direction suprême non-seulement du dogme catholique, mais aussi du rituel; le droit exclusif de punir de peines spirituelles tous les prêtres indistinctement, à quelque catégorie d'ordres, de communautés ou de classes qu'ils appartiennent, et même de leur interdire pour un temps limité ou pour *toujours* l'exercice de leur ministère, avec ou sans le consentement de l'autorité civile dont le coupable relève pour le temporel.

Indépendamment de ces stipulations essentielles, il serait convenable d'introduire encore quelques clauses secondaires dans les concordats : les unes dans l'intérêt du culte adopté, les autres dans celui des citoyens.

C'est au pouvoir civil à prévoir et à prévenir les abus et les dangers de l'accumulation excessive des richesses dans les mains des ordres religieux.

Le clergé séculier, qui vit dans le monde, ne se prête pas facilement à ces sortes d'abus; il n'est guère à craindre sous ce rapport. Il n'en est pas de même des ordres religieux. Les avantages immenses que la personnification civile attribue aux *gens de mainmorte*, comme on les désignait autrefois, doit appeler *sur les couvents* la sérieuse attention du pouvoir. Concilier le respect de la liberté religieuse avec l'intérêt bien entendu de la société, c'est là une des attributions les plus délicates, les plus difficiles sans doute de l'autorité temporelle, mais qui, bien comprise et bien appliquée, pourrait épargner à la postérité le retour de ces luttes intestines qui ont tant affligé nos pères, et dont le Mexique nous offre en ce moment le triste spectacle.

Pour la religion, il y a des dangers d'un autre ordre : c'est au pouvoir spirituel à prendre ses mesures et à faire ses réserves à cet égard. Ainsi il est à craindre que, dans les gouvernements constitutionnels, comme ceux de la Belgique et de l'Angleterre, par exemple, certains hommes d'État, abusant de leur pouvoir passager, malgré l'existence même d'un concordat, ne favorisent directement ou indirectement un culte réformiste au détriment du culte adopté. Il est de toute évidence qu'en réclamant pour ses sujets la liberté des cultes, le pouvoir temporel a voulu que les religions non catholiques pussent être librement pratiquées; mais, d'un autre côté, en adoptant une religion d'État, il s'est engagé, implicitement au moins, à ne lui porter préjudice en aucune manière. Ainsi, pour être fidèles à leurs engagements et à leurs devoirs, les gouvernements doivent garder la plus stricte neutralité à l'égard de l'exercice légal et régulier des différents cultes.

Si nous comparons maintenant les principes qui précèdent à ceux que Pie IX a formulés dans sa lettre à l'empereur Maximilien, on remarquera, sans doute, entre eux quelques différences. Cela résulte probablement de ce que celui qui demande ou qui propose dépasse toujours le but, conformément à cette vieille maxime éternellement vraie : *Il faut demander beaucoup pour obtenir assez.* Quant à moi, n'ayant aucun parti à défendre, me faisant une loi de parler autant pour les intérêts de la religion que pour ceux de la liberté, il m'était facile de rester dans les strictes limites du vrai, du juste et de l'utile.

III. — Conséquences de ce nouvel état de choses. — Elles sont faciles à saisir.

Quand le pape, au lieu de prélever l'impôt sur les Romains, recevra l'impôt volontaire des chrétiens ; au lieu d'être le premier citoyen et le dernier esclave de Rome, sera citoyen de l'univers ; au lieu d'exercer sur quelques individus un droit humain contestable, exercera sur le monde entier un droit divin incontesté, sa puissance aura-t-elle moins de grandeur et sa parole moins d'empire ? La papauté aura-t-elle perdu ou gagné dans l'esprit public, dans la civilisation, dans l'avenir ? Croyez-vous qu'un jour, dans les guerres des peuples ou des partis, et surtout dans les contestations qui en sont le prélude ordinaire, le pape — tel que nous l'avons dépeint et tel que la Providence le fera — ne sera pas souvent pris pour arbitre ?.... Qui songe aujourd'hui à réclamer ce noble arbitrage ?... Quel peuple s'adresse à lui dans ses conflits avec son roi ? Quelle nation réclame l'intervention de ses lumières, de sa haute sagesse, dans ses démêlés avec ses voisines ? Que le pape soit libre, doit être, et il deviendra nécessairement l'arbitre souverain des peuples et des rois.

Et à mesure que la papauté s'élève dans l'estime des nations, l'Église étend son domaine. Aussi lorsqu'on verra la religion romaine briller à la tête des plus puissants empires et des plus grandes civilisations du globe, dira-t-on encore qu'elle est la religion des oisifs, des enfants et des femmes? Non, on proclamera sa vérité et sa force, on s'inclinera devant la divinité de sa morale et de sa foi, et le rationalisme même confessera un jour que c'est bien elle qui est la vraie religion, la religion universelle, la religion de l'intelligence, de la liberté et de l'avenir.

Quant aux pouvoirs temporels, que gagneront-ils à cette heureuse transformation de la papauté? Ceci : l'Italie sera faite. Au midi de l'Europe, un grand peuple, ami de la France par l'origine et par les sentiments, d'une alliance cordiale, son émule dans les arts, son appui dans le prosélytisme des idées de progrès et d'améliorations sociales, aura planté son drapeau, symbole de la liberté, en face des drapeaux du Nord, symboles du despotisme!

La libération de l'Italie assure à la civilisation moderne sa marche et son développement progressifs.

Et ce sera l'éternel honneur de la France que d'avoir permis, d'avoir voulu, d'avoir ordonné *que l'Italie soit!*

Les politiques à courte vue disaient, en voyant nos braves soldats descendre encore une fois l'autre versant des Alpes : « Que vont-ils faire en Italie? » Napoléon III le savait bien; ou, s'il l'ignorait encore, la Providence le savait pour lui!

Il est dans les destinées de notre beau pays d'être la bannière des grandes idées et des grandes choses. Et si quelque jour l'unité de religion s'établit sur la terre, à quelle puissance temporelle Dieu en pourra-t-il rapporter la plus grande gloire, si ce n'est à la France?

C'est la France, la première entre toutes les nations, qui a donné au monde le spectacle de l'alliance heureuse et féconde de l'autorité avec la liberté et avec la foi. La première, elle a choisi le meilleur mode de religion d'État qui pouvait être imaginé. Depuis lors, elle maintient fermement dans un sage équilibre le respect dû à l'Église et le respect dû aux lois. Aussi longtemps qu'elle a pu le faire, elle a défendu les antiques priviléges, les prérogatives mondaines des papes, moins par conviction sans doute que par vénération pour le souverain pontife, pour ce noble vicaire du Christ que Mgr l'archevêque de Paris nous montre revêtu de la triple majesté de la religion, de l'âge et du malheur.

Que le pape bénisse donc la France, cette noble voyageuse, parce que, quoi qu'il arrive, elle restera toujours chrétienne et elle sera toujours digne d'être nommée la fille aînée de l'Église.

Mon *utopie* s'arrête là.

Se réalisera-t-elle?

Qui peut en douter? Il y a des utopies imaginaires, absurdes; des utopies probables, et des utopies qui sont des vérités préconçues. On sait que l'aigle, à travers les brumes de l'espace, distingue de loin des formes indécises qui échappent à nos regards et dont nous pouvons à peine soupçonner l'existence. L'intelligence humaine a de ces lueurs-là. Elle a ses prévisions. Elle voit dans les âges futurs des événements qui sont encore loin de l'heure de la réalité.

Déclarer que l'unité de l'Italie se fera, que l'Église sera libre dans l'État libre, que la civilisation française fera, avec la religion universelle, le tour des sociétés modernes, ce n'est pas raconter une utopie imaginaire, ou probable, un de ces riens qui se passent dans les jeux fantastiques de l'imagination : c'est écrire l'histoire prophétique de l'avenir.

CONCLUSION.

Monseigneur,

La tâche que je m'étais imposée est accomplie.

Je ne sais quelle impression j'aurai faite sur votre esprit, mais vous me rendrez peut-être cette justice que je me suis toujours efforcé d'allier à la plus entière franchise tous les ménagements, à l'égard des hommes et des choses, qui m'ont paru compatibles avec les intérêts de la cause que je défends.

C'est ainsi qu'à votre long exposé des excès de cette admirable révolution italienne, dont malheureusement la dernière phase n'est pas encore arrivée à son terme, j'aurais pu opposer l'histoire lamentable de la papauté aux temps surtout où un pape à Rome, un pape à Avignon, un concile à Constance, couvraient l'Église de confusion et d'opprobres par leurs invectives et leur odieuse conduite les uns à l'égard des autres. Sous le rapport des égarements, des abus et des excès de tout genre qu'elle a révélés, l'histoire de l'É--glise romaine du xve au xvie siècle ne peut être comparée qu'à celle de la révolution française de 1789. J'aurais pu encore rappeler l'origine et les causes de ce grand schisme, qui, sous la main habile d'un fougueux apostat, a déchiré le sein de l'Église catholique, et dont le scandaleux trafic des indulgences n'a été que le prétexte. Les causes, en effet, remontaient plus haut et dataient de plus loin.

Je me suis dispensé de dire toutes ces choses, parce que j'ai pensé que les hommes instruits les connaissaient et que les autres n'avaient pas besoin de les savoir. A quoi cela leur servirait-il ?

Vous reconnaîtrez sans doute aussi, Monseigneur, qu'à vos

sinistres présages, j'ai opposé sans cesse des augures favorables. Quand vous vous êtes écrié : « Défiance! défiance contre les monstres d'erreurs qui menacent la société; contre les illusions, les faux principes et les doctrines erronées qui la pervertissent (1); » je vous ai répondu, comme l'a fait votre éminent collègue, Mgr l'archevêque de Paris : Confiance! confiance dans ce que la société a d'honorable et de bon, dans ses généreux efforts pour ouvrir à la civilisation et à la foi les horizons de l'avenir.

Quand vous disiez : « Ne détruisez pas, ne pouvant ni créer, ni défendre, ni prévoir (2); » je vous ai montré qu'on pouvait prévoir, défendre et édifier.

Quand vous demandiez : « Justice pour la religion et pour le pape! » j'ai joint ma voix à la vôtre, mais en ajoutant : Justice pour la civilisation et pour la liberté, justice pour tout le monde!

Quand, prévoyant que le pouvoir temporel dix fois séculaire de la papauté pouvait succomber pour un moment, vous annonciez que tout ne serait pas encore fini, que tout commencerait; je me suis permis de vous démontrer qu'après la chute de ce pouvoir antique, tous les embarras seraient finis, et finis pour toujours.

Vous vous êtes plaint encore que vous aviez contre vous la *presse*, la *loi* et les *mœurs* : « La mode est au plaisir, la
» mode est à l'argent, les mœurs baissent et la vertu
» souffre. — Nous souffrons, comme tous les citoyens, et
» plus qu'eux, puisque notre rôle est de réunir les hommes,
» de propager les doctrines, et de fonder des institutions;
» nous souffrons de toutes les entraves mises à la liberté de
» réunion, d'enseignement, de publication, de transmission,
» d'association.

» Mais de plus, aucun des anneaux des anciennes chaînes
» forgées contre nous par l'intolérance des rois et celle des

<hr>

¹ Voir la brochure de Mgr l'évêque d'Orléans p. 99. — (2) Id. p. 156.

» peuples, n'a été usé par le temps ou brisé par la justice.
» On appelle comme d'abus contre nous, comme au temps
» des tracasseries gallicanes ; on suspecte nos habits, comme
» au temps de la proscription ; nos maisons, comme au
» temps de la confiscation. — La presse, la plus redoutable
» des armes contemporaines, a déclaré la guerre non-seule-
» ment au pouvoir temporel, mais à l'Église elle-même.
» Faites donc sonner l'*Angelus* dans un village où le cabaret
» lit *le Siècle* et *l'Opinion nationale*, *la Vie de Jésus*, et vous
» verrez combien de lecteurs se rendent au son de la cloche
» solitaire (1). » Tels sont les sujets de vos plaintes amères.

Eh bien ! voulez-vous avoir pour vous les *mœurs?* Donnez au monde l'exemple du désintéressement, de l'abnégation, du détachement des biens et des jouissances matérielles.

Voulez-vous avoir la *loi?* Inspirez à tous les membres du clergé, indistinctement, le respect des institutions civiles et politiques des peuples.

Voulez-vous avoir la *presse?* Supprimez, de vos tendances et de vos aspirations à la suprématie sur les choses du temporel, tout ce qui excite sa légitime susceptibilité, ses justes appréhensions. La presse ne vous hait pas, elle vous craint.

Vous avez dit enfin que toutes les formes politiques de gouvernement sont nécessairement imparfaites, vicieuses.

Vous êtes Français, Monseigneur, et comme tel ne devriez-vous pas faire une exception en faveur du gouvernement impérial de la France, ou tout au moins le citer comme exemple, comme modèle à toutes les nations? N'a-t-il pas assez vos sympathies? Trouveriez-vous qu'il fût possible de mieux concilier entre elles, qu'il ne le fait, ces trois grandes puissances de la terre : l'*autorité*, la *foi* et la *liberté?*

Oh! je sais bien que ce mot de *liberté*, chaque fois qu'il est prononcé, fait vibrer nos cœurs. Il semble toujours qu'il y a trop d'autorité d'un côté, et trop peu de liberté de

---

¹ Voir la brochure de Mgr l'évêque d'Orléans, pages 147 et suivantes.

l'autre. C'est ainsi que nous en étions venus à acclamer cette hérésie constitutionnelle : que le roi règne, mais qu'il ne gouverne pas! Or, je vous le demande, Monseigneur, au lendemain de ces commotions civiles dont les traces ne sont pas encore effacées, pourrait-on sans danger relâcher inconsidérément le trait d'union qui est établi entre ces deux grands principes?

Vous vous plaignez de ce que la presse catholique n'est pas assez libre, comment en serait-il autrement? N'avez-vous pas déclaré vous-même que la presse est une puissance terrible? Ne savons-nous pas que c'est elle qui fait les révolutions, qui chasse les rois, qui démoralise les armées, qui soulève et qui calme les masses? C'est un instrument formidable qui, selon qu'il est bien ou mal dirigé, sauve ou renverse les empires. La presse est au moral ce que la vapeur et l'électricité sont au physique. Habilement maniée, la vapeur, c'est l'industrie, le chemin de fer, la vie; maniée avec maladresse, c'est l'explosion et la mort. De même avec l'électricité : c'est le télégraphe ou c'est la foudre. Comment pourrait-on abandonner une force aussi indomptable aux caprices, aux passions, aux haines brutales et aveugles?

Ce qui donnera à la presse le plus de liberté, ce sera la modération, la sagesse, la prudence des hommes qui la dirigent. Donnez à vos publicistes, à vos journalistes, cette prudence, cette sagesse, et cette modération, et le trait d'union qui la relie à l'autorité se relâchera insensiblement; et vous arriverez à une forme de gouvernement aussi parfaite, aussi complète que nous puissions la souhaiter : une autorité forte et respectée en haut, une grande liberté et des institutions larges en bas.

N'est-ce pas à cela que tend le gouvernement de Napoléon III? N'est-ce pas là qu'il aboutira un jour? Si vous le croyez, pourquoi ne l'avez-vous pas dit? Pourquoi n'avez-vous pas signalé cette magnifique forme de pouvoir temporel à l'attention et à l'admiration de tous les peuples?

Avant de terminer, permettez-moi encore, Monseigneur, de vous adresser une prière :

Vous allez à Rome, vous y verrez le Saint-Père. Il doit vous chérir comme l'un de ses plus fidèles enfants. Vous exercerez sans doute une grande influence sur ce vénérable vieillard qui est arrivé à l'âge où l'âme commence à se détacher du corps, où l'intelligence, cette étincelle divine, ne trouve plus dans le cerveau qu'un instrument débile, un interprète infidèle, où les rapports du moral avec le physique se désorganisent. Pourquoi ne profiteriez-vous pas de l'empire que vous donneront sur le Saint-Père vos éminentes qualités et l'étendue des services rendus pour lui dire : « Chassez de votre entourage ceux qui le corrompent par de mauvais conseils et de mauvais exemples; ouvrez vos bras à la civilisation ; tirez de votre grande âme de pontife, comme dit Mgr Darboy, une de ces paroles qui amnistient le passé et rassurent le présent; abandonnez volontairement et sans regrets un pouvoir qui vous échappe; laissez aller Rome à ses nouvelles destinées, pardonnez à l'Italie; répandez vos bénédictions sur la France et sur tous les peuples de la terre, et alors, ô Saint-Père, vous serez pour l'humanité cette étoile lumineuse qui dirige le marin dans ses périlleux voyages. »

FIN.

PARIS. — IMPRIMERIE CENTRALE DE NAPOLÉON CHAIX ET C°, RUE BERGÈRE, 20. — 1548.